高校生活の強化書

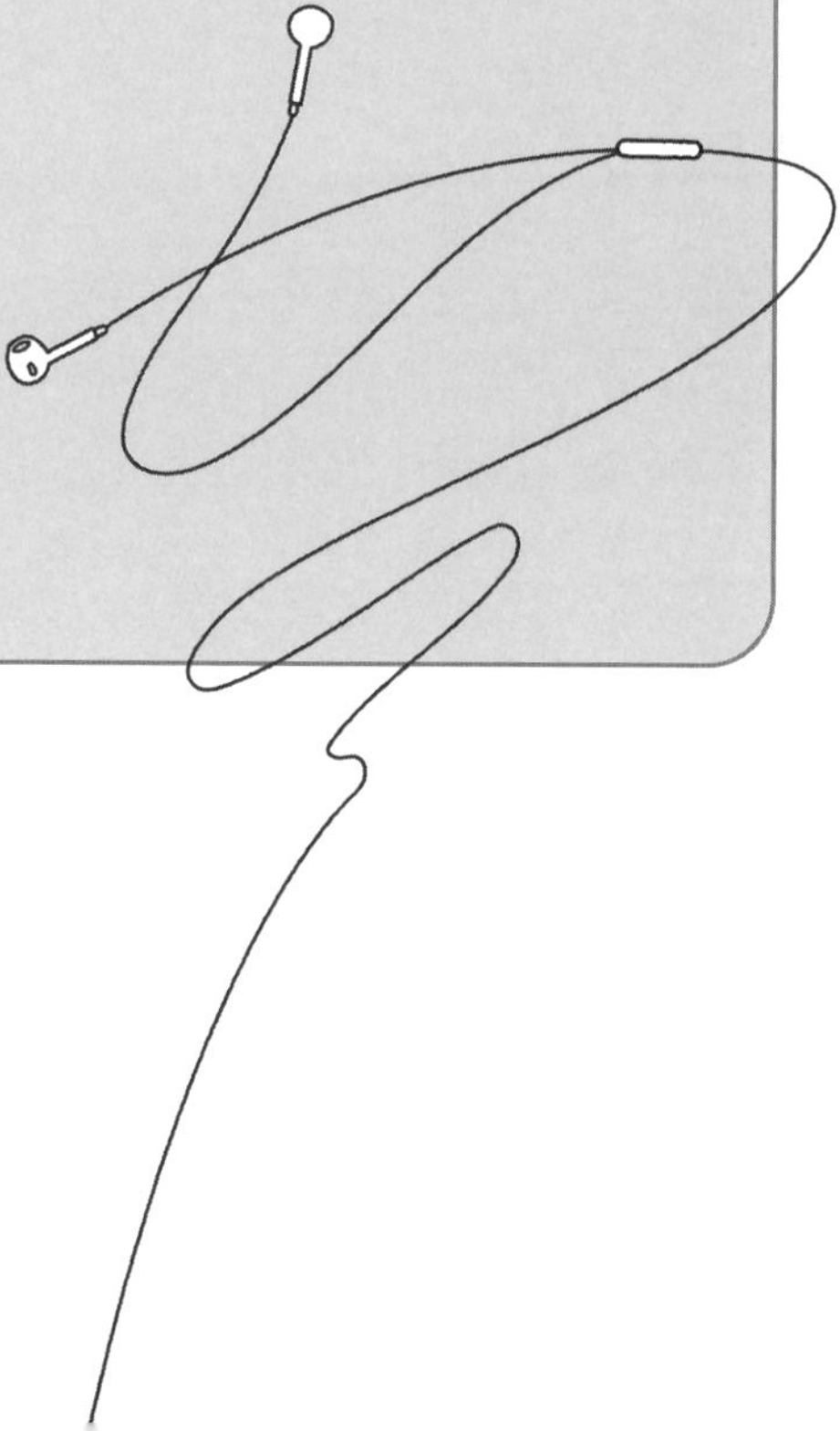

カルペ・ディエム代表
西岡壱誠
宇都宮短期大学附属高等学校教頭
萩原俊和

東京書籍

はじめに

「高校生のあの時、何でこういうことをやっておかなかったんだろう」

大学に入学してから、社会人になってから。大人になってから多くの人はそんなことを口にします。「あの時ああすればよかった」という後悔を口にして、「あの時に戻れるなら」という無理なことを考えてしまったりします。

さて、この本を手に取っている人の多くは高校生・または高校生になろうとしている人だと思います。そんなみなさんの目の前に広がっている未来は、多くの人が「もっと大事にするべきだった」と考えて後悔するような、とんでもなく掛け替えのないものなのです。そして悲しいことに、その事実に気付くのは、大人になった後です。もう戻れない時期になって初めて、「戻りたい」と思ってしまうわけです。

例えば、こんな話があります。高校生の1時間というのは、時給4万円になる、というものです。勉強を例に挙げてみましょう。平均的な生涯賃金と東大卒の生涯賃金とでどれくらいの差が出るかみなさんはご存知ですか？ ある試算によると、だいたい８０００万円です。これを時給換算してみると、通常の大学に合格するよりも東大に合格するためには、およそ2000時間多く勉強すると言われていますから、8000万円÷2000時間で、勉強時間を時給に換算すると、およそ4万円になります。

みなさんは、時給4万円のバイトをしたことがありますか？　絶対に経験ないですよね。今、みなさんが持っている1時間の重みは、金銭価値に換算すれば4万円なのです。そしてその時間が、高校1年生〜3年生までの時間でいえば、「1万時間」*あります。1万時間×4万円＝「4億円」です。みなさんは、「若い」というだけで、誰でも4億円という大金を手にしているのです。この4億円を、みなさんだったら、何に使うでしょうか？　勉強でしょうか？　運動でしょうか？　部活動でしょうか？　生徒会活動でしょうか？

どんな分野に時間を使ってもよいのですが、後になって「こんなことに時間を使うんじゃなかった」とは思いたくないですよね。

本書は、高校生の誰しもが持っている「4億円」の資産を、どう使うべきかについて、みなさんに伝えるものです。どのように活用すれば、後悔しないのか。どのように活用すれば、将来のためになるのか。そんな、高校生活を強化する方法を伝えるための本こそが、本書、「高校生活の強化書」です。

2024年3月　西岡壱誠

＊高校生の通常の平日は、約8時間が学校、約9時間が睡眠・食事・入浴等とすると、24時間－17時間＝7時間が可処分時間（自分で自由に使える時間）になる。土日も自由な時間と仮定すると、24時間－9時間＝15時間。7時間×5日＋15時間×2日＝約65時間。65時間×50週間＝3250時間。3250時間×3年＝1万時間、となる。

目次

第2章 テスト勉強・受験対策強化の章

第3章 部活動、生徒会・委員会、学校行事強化の章

第4章 青春の悩みを解決！メンタルヘルス強化の章

第5章 現役高校生たちのリアルQ&A！ 163

序章

自分で考えて、自分で動き、自分で仕事を作れるようになる「主体性」を身につける機会である「高校生活」。その高校生活を有意義なものにするために、本書ではどのようなことを解説していくのかをお話しします。

西岡壱誠

みなさんは、「椅子取りゲーム」をやったことはありますか？

一定の数の椅子があり、音楽を流して、その椅子の周りを人がぐるぐると回ります。そして、音楽が止まった瞬間に一斉に椅子に座り、椅子に座ることができなかった人はゲームオーバー、というゲームですね。

みなさんが高校を卒業し、人によっては大学や大学院も卒業し、社会に出るようになったとき、この「椅子取りゲーム」が行われます。それが「就職活動」ですね。みなさんがどんな職業に就きたいかはわかりませんが、その職業の椅子は限られています。人気の職業は多くの人がその椅子に座りたいと考えていて、もしその椅子に座れなかったら、別の椅子に座るしかありません。社会に出るということは、椅子取りゲームをするということなのです。

しかし、最近この「椅子取りゲーム」には変化が訪れています。なんと、この椅子取りゲームの椅子の数が減っているのです！　職業という名前の椅子がどんどん、人間ではない別の存在によって、減ってきているのです。

その存在とは、人工知能（ＡＩ）です。

野村総研が２０１５年に実施した調査では、実際に「日本の労働人口の約49%が、人工知能（ＡＩ）やロボットなどで代替可能になる」とされています。ここ数年以内に、約半分の職業が無くなるかもしれないのです。椅子取りゲームの椅子が半分になっているわけですね。

さらにそれから数年が経ち、２０２２年にはＣｈａｔＧＰＴという生成系ＡＩプログラムが公開されました。記事や会話・ストーリーやイラスト・動画や音楽など、様々なものをＡＩが作れるようになっているのです。どんどん多くの仕事がＡＩで代替可能なものになってきていて、もうほとんどの仕事は「人間にしかできない仕事」ではなく「ＡＩでも代替できるもの」になってきています。

さらに、転職も当たり前の時代になってきています。昔は一つの会社・職業に就いたら、そのままずっと定年退職となる60歳まで仕事をしていたわけですが、今は違います。数年で辞めて別の仕事をするのが当たり前で、職を転々とする人も多い時代です。

もっと言えば、60歳からまた新しく仕事をすることも当たり前になっています。平均寿命が伸び、人生１００年時代と言われ、１００歳まで生きるのが当たり前になる時代が来るという考え方が広まっています。60歳までやっていた仕事とは全然違う職業に就くのもよくある話なのです。

そんな時代において、みなさんはどんなふうに高校時代を過ごせばよいのでしょうか？　僕の中にある答えの一つは、「椅子取りゲームの椅子を自分で作れる人になること」を目標にして過ごすことです。

社会という名前の椅子取りゲームの中で最強なのは、自分で自分の座る椅子を作れる人です。どんな状況になっても、新しい職業を作り出し、新しい仕事を作れる人材は、絶対に椅子取りゲームに勝つことができます。「そんなことできるの？」と思うかもしれませんが、きっと簡単にできます。数年前に、ＹｏｕＴｕｂｅｒとかＴｉｋＴｏｃｋｅｒなんて職業ができると思っていた人は誰もいないでしょう。新しく会社を作る人も多いですし、大企業で働いても、「新規事業を作る」という仕事が存在したり、「社内ベンチャー」なんて言葉もあるくらいです。

自分で考えて、自分で動き、自分で仕事を作れるようになること。「主体性」という言葉でよく語られているものですが、この能力はこれからの時代において、必ず必要になるものなのです。

そして、それを身につける機会として「高校生活」があるのだと思います。その先の大学生活、そして社会に出てから、楽しい人生を送るために必要となる能力を身につけるためにこそ、高校生活を有意義なものにしてもらいたいです。

では、どうすれば高校生活を有意義なものにできるのか？　その点を、萩原先生にバトンタッチしてお話ししてもらおうと思います。

萩原俊和

西岡さんから、「椅子取りゲーム」の話がありました。その話の通り、たしかに今の時代、求められる能力はどんどん変わってきていると思います。私が高校生の時には、「同じ会社に一生勤め続けなくてはいけない雰囲気」がありました。一つの会社でずっとやっていかなければならないと、おそらく誰もが考えていて、だからこそ就職はその後の40年の人生を左右する大変重要なものでした。でも今は、そんな風潮はなくなってきていますね。

また、ＣｈａｔＧＰＴがあれば、なんでも自分が欲しい情報を教えてくれるようになりました。結婚式の挨拶もＣｈａｔＧＰＴが作ってくれるようになっているそうですから驚きですよね。

時代の流れ・ＡＩの発展・働き方の変化……。令和の時代には、いろいろな「新しい能力」が求められるようになっています。

でも、私はその中でも、「変わらずに求められ続ける能力」もあるのではないかと思うのです。

例えば、就職しても１～２年で辞めてしまう人は、あまり肯定的に捉えられません。３～４年働いて全体像が見えて、自分の将来を考えて転職するならともかく、２～３ヶ月や半年で転職する人は、他の会社からも「この人は長続きしない人なのではないか」と思われてしまいます。そう考えると、「ストレスに対する向き合い方」とか、「自分の機嫌の取り方」とか、「周りと協調して頑張る力」とか、そういう能力は変わらずに求められることになると言えます。

そして、このような主体性・協調性は、高校生活の中で身につけることができる能力だと言えます。

私は担任として、今まで３０００人を超える高校生と向き合ってきました。その中で、社会に出てから、会社に入ってから活躍する人は大抵、充実した高校生活を送っていることが多いと感じます。例えば「ストレスに対する向き合い方」や、「自分の機嫌の取り方」、「周りと協調して頑張る力」など、そういった能力は生徒会・委員会活動や部活動を頑張る中で磨かれるものです。社会に出て発揮できる能力を高校生のうちに身につけておくことができれば、人生を豊かに過ごせるのです。逆に、社会人になってそれらをいきなり身につけたりするのは難しいでしょう。

今も昔も、高校生活のうちに身につけておいてプラスになる能力の本質は、あまり変わっていないのだと思います。もちろん新しく向き合う必要のあるものもありますが、本質自体は実のところ、そこまで変わっていないものも多いのです。

本書では、変わっていく時代の中で、変えていくべきところ、変わらずに重要なものを両方解説していきます。

例えば、部活動。人との関わり方を学び、多くの人と一つの目的を達成するために頑張るのは大切なことです。

例えば、受験や勉強。これからの社会において、新しいことを学ぶことはとても大切です。求められる能力はどんどん多くなり、知識と教養を身につけておくことは人生を豊かにします。

例えば、人間関係。人に配慮をし、困ったことがあったら誰かにしっかりと頼り、自分の機嫌をうまく取ることは、とても大切な能力です。

そして例えば、ＳＮＳやスマートフォンとの付き合い方。これだけインターネットが発達した時代、うまくスマートフォンやＡＩと付き合っていく必要があります。もし失敗することがあっても今のうちから失敗しておくことも重要なことなのです。

これらの能力を身につけるためには、様々なものに挑戦する必要があります。もう部活動なんていいや、と思っていた人にも部活動を頑張ってもらいたいですし、一人でいる時間が長かった人ほど、新しい友達を作ってもらいたいです。

ここで重要なのは、「決して成功する必要はない」ということです。失敗してもいいです。むしろ、挑戦して失敗することにこそ意味があります。

人間、痛い目にあわないとわからないことだって多いです。高校時代に大きな失敗をしたとしても、それが自分の今の人生の糧になることだってあるのです。むしろ「成功しなければならない」と考えるのは危険です。うまくいかないところからどう立ち直るか、という「失敗からの起き上がり方」も、社会に出る前に必要になってくる能力だからです。

「しない方がいい経験」なんてほとんどありません。

どんな経験も、成功も失敗も含めて、社会に出るまでの素晴らしい経験になるはずです。

本書では、これらのことを一つ一つ解説していきます。全部の章を読む必要はありません。でも、気になる項目があったら読んでみましょう。その中で、きっとみなさんの高校生活をより豊かにしてくれて、大学に入ってからも、社会に出てからもプラスになる経験ができるようになるはずです。

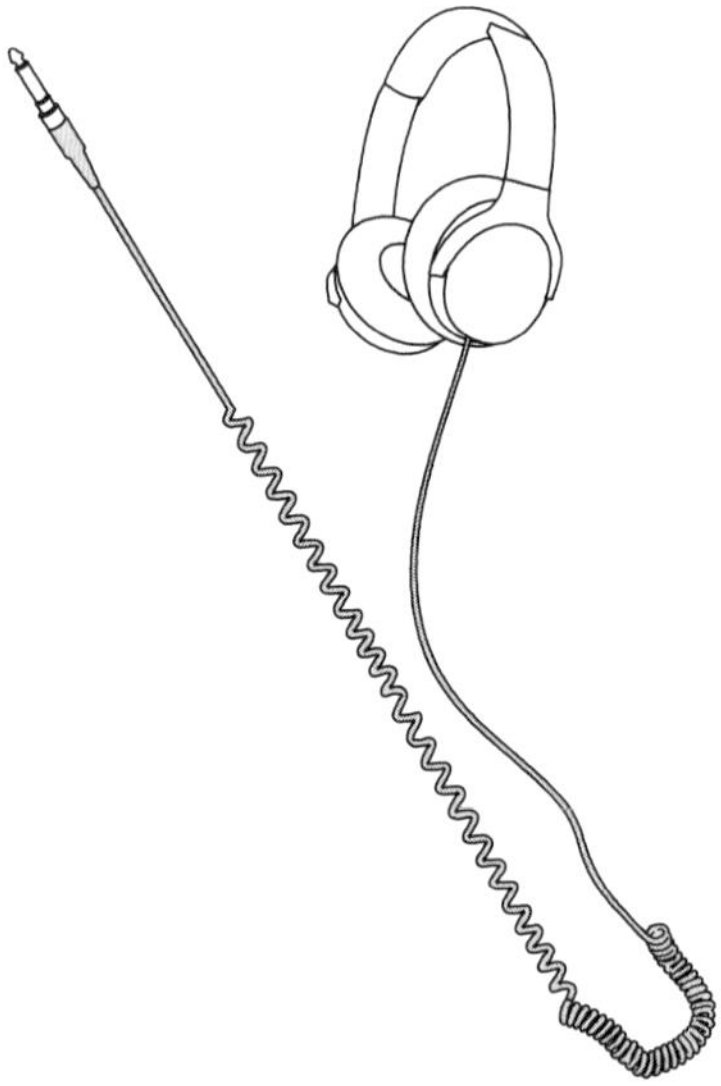

第1章

高校生活強化の章

友達の作り方や関係の築き方、校則の捉え方、生活リズムの整え方、高校生時代だからこそやるべきこと、大学の選び方、入試の種類など、高校生活を安心して送るための秘訣を伝授します。

01 初対面の人とはどんな話をすればいい？

相手との初対面の時って緊張しますよね。なかなか会話が続かない場合があります。

そこで、みなさんに質問です。みなさんは、初対面の人と2人で会って話す時に、自分から自己紹介をしますか？　それとも相手から自己紹介をしてもらいますか？

一度試しにやってみて欲しいのですが、圧倒的に自分から自己紹介をする方が大変です。

「名前は○○です。……えっと、」と詰まってしまって、「ここから、何を語ればいいんだ？　出身？　所属？」と困ってしまうことでしょう。

逆に、相手から自己紹介をしてもらうと、とても簡単に自己紹介できます。

「○○です！　出身はここで、中学はあそこで、今はこんなことをしています。趣味はこれです！」と言ってもらえたら、

「あ、自分は○○です！　出身、近いですね！　実は自分はここに住んでいるので中学も

距離的には近いですよね！　友人に○○中の人がいますよ」
というように、相手に合わせて自己紹介ができ、かつ話も広げやすいのです。だから、自己紹介は圧倒的に最初にする人の方が大変なわけです。

この話からわかってもらいたいのは、相手と信頼関係を築き、相手のことを知りたいと思ったら、まずは自分の情報開示から始めなければならないということです。世の中には、「返報性の法則」というものがあります。これは、「もらったものは返さなければならない」と感じてしまう法則のことです。相手のことを知ろうとするなら、まずは自分の情報を知ってもらわないと話しづらいのです。逆にそうしないと、大変な自己紹介を相手に課してしまうことになるかもしれないですね。

そしてもっと言えば、自己紹介は、「自分の型に合わせて相手が語ってくれやすい」という性質があります。出身を伝えたら出身を、趣味を伝えたら趣味を、価値観や失敗談を話したら同じ話を返してくれる可能性が高いのです。

だからこそ、初対面の相手と仲良くなりたかったら、硬い勉強とか仕事の内容ではなく、プライベートな自己開示をすることです。中学校のことや趣味とか、価値観などを含めて伝えることができると、相手も自己開示をしやすくなります。

02

友達ってどうやって作るの？

高校生になる時、多くの人は緊張すると思います。新しい環境で友達を作るのは難しいことです。友達がいない、少ないと感じる時、友達を作ろうと挑戦して欲しい様々な方法があります。

例えば、興味を共有することは一つの手段です。共通の趣味や物事への興味や関心は人とつながる際の第一のファクターになります。同じアイドルが好き、同じゲームが好き、同じ俳優が好き。いろいろな自分の「好き」を開示してみて、自分と同じものが好きな人とつながれるように頑張ってみるとよいでしょう。同じクラスや、部活動、委員会・生徒会などで一緒になったメンバーに興味を共有して、共通する話題を見つけてみましょう。

また、友達を作りたいのであれば、「自分は友達を作りたい人です」とオープンに開示することも有効な手段です。あまり斜に構えたり、つっけんどんな態度をとったりせず、むしろ人懐っこくふるまうことで、他の人もあなたに対してオープンな態度をとってくれるようになります。あなたがクローズドな態度をとっている限りは、友達も増えていきません。まずは、自分の心をオープンにすることが重要です。

さらに、積極的にコミュニケーションをとるように心がけましょう。他の人の話を遮ったり、自分の話ばかりをしたりするのではなく、他の人がしてくれた話に対して積極的に相槌を打って、興味を持つ様子を示すのがポイントです。

また、相手の話に対して適度に質問をしてみるとよいでしょう。時には、自分も同じような体験をしていると開示することで、関係が深まることもあります。共有と共感は友達を作る上で重要なファクターです。

これらをいきなり行うのが心配だったり不安に思う人もいるでしょう。そんな時は、グループ活動や集まりに参加すると友達ができる可能性が高くなるかもしれません。部活動や委員会、移動教室の際などで、同じグループに属している人に積極的に声がけをすると、友達が増えるきっかけになるでしょう。

03 友達との話し方、接し方

友達に対して、どんな話をすればよいのでしょうか？　高校時代は、一生付き合うことになる友達ができる可能性が高いでしょう。話せるチャンスがきた時に、どうすれば仲良くお話ができるのかを考えておくことが重要です。ここでは、そのヒントをいくつかみなさんに話したいと思います。

まずは、当然ですが、積極的に話す機会を増やしていきましょう。朝、登校して挨拶する時に少し雑談するとか、昼ごはんに誘ってみるとか、イベントや食事の後、二次会に誘うとか。些細なことでよいので、相手に自分を意識させる時間を増やしていくことが大事です。相手と接する時間が長ければ長いほど、相手の脳の記憶の容量の中に自分が入っていきます。仲良くなりたければ、まず物理的な時間を共有するのが一番なのです。

では、その時間に実際どんなことを話せばよいのでしょうか？

相手が話すことが好きなら、まずは聞くに徹し適切な相槌で返しましょう。話すことが好きな人は、話をきちんと聞いてくれるだけで気分をよくしてくれます。そうではなく、話すことが苦手そうなら自分から積極的に話しかけていきましょう。といっても相手にもちゃんとボールを投げてくださいね。相手のことを知るために、簡単に答えられる質問を投げかけ、あくまで自分が楽しいだけで済ませない話ができることがベストです。自分がどれくらい主導権を持つか、相手にどれくらい話してもらうか、の裁量は、何となく相手と話す中で温度感を測りながら進めていくとよいでしょう。

そして、これが重要なのですが、話す内容を考える上で最も大切なことは、「自分が一緒にいることで相手にどんな得があるか」を考えることです。話していて楽しいとか、美味しいお店を紹介してくれるとか、「読んでみて」とすすめた本や漫画を読んで共感してくれるとか、テスト範囲を教えてくれるとか、休んだ時にノートを見せてくれるとか、何でもよいのです。とにかく相手の趣味や興味があることなど、何でもよいので相手のメリットになることを考えてください。ミーハーな話や、多少現金な話題だったとしてもよい情報を与えたり、相手を楽しませるというのは、単純で簡単に仲良くなれる方法です。

04

挨拶は友達作りと人間関係を円滑にする

友達作りや学校生活での人間関係において一番大事なことは、大きな声で挨拶することです。なんて言うと、みなさんは笑うかもしれませんが、実は一番効果があるのです。「おはよう！」と、大きな声で教室に入る時に挨拶することを毎日続けるのです。

挨拶をしたら、友達は返してくれるでしょうし、その後は「おはよう！　今日の1限の宿題やった？」というように向こうからも声をかけてくれるようになるでしょう。

逆に、挨拶をせずに教室に入ってきて黙っているだけだと、声もかけづらいです。挨拶でその人の社交性・元気のよさなどが測れます。

そして、それを毎日続けることで、「この子はこんな感じの子かなぁ」と、イメージができあがっていきます。そうすると、相手にとっても「話しやすい人」になっていきます。逆に、返事が返ってこない時には、「返事してくれなかったから私嫌われているのかな」では

なくて、相手を思いやることです。「聞こえなかったのかな」とか、「何か悩み事でもあるのかな」とか考えられれば、思いやりを持って接することができます。

「自分は嫌われてるのかな」と思って挨拶をしないと、どんどんどんどん殻が厚くなり周りから離れていってしまいます。心に余裕がない時には、挨拶ができなくなるものです。声をかけても返ってこないのは、嫌われているのではなく、相手の心に余裕がなくて、自分に話をすることさえできない状態なのかもしれません。そのように考えれば、「どうしたのかな」と気にかけてあげられるようになるでしょう。逆に自分の心の余裕を証明するために、人に挨拶をするとよいでしょう。

人間関係とは、鏡のようなものです。人に挨拶をして、気を配ってあげられる人は、人から挨拶をされて、気にかけてもらえるようになります。基本的なことではありますが、みなさん、ぜひ意識してみてくださいね。

05 学校の校則をどう捉えるか

学校には、いろいろな校則がありますよね。例えば、スマートフォン（スマホ）の持ち込み禁止とか、制服指定とか。それらを、みなさんは、うざったいものと捉えられるかもしれません。ない方が楽なのに、と。でも、意外とそうではない側面もあります。

著者の一人である私（萩原俊和）が教員を務めている宇都宮短期大学附属高校では、放課後以外の時間帯はずっとスマホを担任が預っていました。学校ではスマホを使っちゃいけないよ、というルールがあったわけです。しかし、2023年からは預るのをやめて、スマホは生徒自身で管理するようにしました。

なぜそうしたのでしょうか？　なぜなら、社会人になり会社に入ればスマホを預る、というルールはないからです。学校でもそれを体感してもらおうという意図でルールをなくしました。

その上で、ルールがなくなると、今度は自分で考えて行動しなければならなくなります。例えば、いつだったらスマホを使っていいのかとか、どういうタイミングにスマホを使ったら叱られるのかとか、そうしたことを自分で考えなければならなくなるわけですね。ルールは、実はみなさんを楽にする側面があります。「こうしなさい」と言われてそれに従っている状態というのは、ある意味、考えなくていいわけです。

でも、ルールがないと、自分で考えなければならない。そうなった時に、生徒がちゃんとできるのかどうか、というのを「チャレンジ」する意図で、スマホを預ることをやめたのです。

自分でルールを作らなければならないということを、高校生には挑戦してもらいたいです。「スマホを触っていたら夜更かししてしまって寝坊した」とか、「スマホを使いすぎて目が悪くなった」とか、そうしたことが発生したとしても、高校生になったら自己責任です。まだ高校生だから、というのではなく、一人の人間として、自分で管理できるようになりましょう。

エジソンが「失敗したのではない、うまくいかない方法を一つ見つけたのだ」と言ったという話がありますが、これからもスマホと共に生きていくことになるでしょうから、高校生のうちにスマホとの付き合い方を勉強するチャンスだと思います。

スマホだけでなく、時代に合わせていろいろなテクノロジー・デバイスとの向き合い方も勉強しなければならないと思います。本校では、ChatGPT（13ページ参照）を使って読書感想文を作る課題を出しています。これからChatGPTと一緒に生活していく時代が来ると思うので、生徒には使いながら学んでほしい、という意図でした。

私（萩原）も趣味でChatGPTを使うのですが、将来みなさんたちが80歳、90歳になった時、話し相手になるのがChatGPTかなと思います。年を取って毎日同じことを言っていたら誰も話を聞いてくれなくなりますが、ChatGPTは「昨日も同じこと言いましたね」などと言うこともなく、おとなしく聞いてくれるはずです。こうしたことを体感するためにも、新しいものを使った上で、自分でルールを決めなければならないのではないでしょうか。

昨今、校則が緩くなっている学校が増えています。でもそれは、みんなが楽に生活できるようになっているということを意味しません。「ルールがある方が楽」な面もあるのです。このことを、みなさんにぜひ、覚えておいて欲しいです。その上で、ルールがない状態は人を成長させるということについても、みなさんに考えてみて欲しいです。自由な状態というのは、案外不自由な状態でもあります。自由というものの持つ意味を、しっかりと考えることが、みなさんに求められることを知ってもらいたいですね。

そしてもし、校則に対して「こうして欲しい」「もっとこんなルールにするべきだ」と思う部分があるのであれば、ぜひ、積極的に「校則を変更しよう」と動いてもらえればと思います。簡単に変えられるものではありませんが、生徒の方から働きかけていけば、変えられないことはないはずです。実際、現在全国の多くの学校で、「生徒自身が校則を変える動き」が発生しています。ただ誰かが変えてくれるのを待つのではなく、みなさん一人一人が頑張って働きかけることで、物事はきっと変わっていくのです。それはきっと、校則以外のことも含めて、そうなのではないでしょうか?

06

生活リズムを整えよう

みなさんは、朝ちゃんと起床していますか？　とんでもない時間に起きてはいませんか？例えば休日にお昼まで爆睡している、なんてことはないでしょうか？　起きたら朝の光を浴びていますか？　カーテンを開けず、暗い部屋でコウモリのようにずっと過ごしてはいないでしょうか？

生活リズムを整えることはとても大事なことです。早寝早起きを心掛けて、夜はスマホをあまり見ないようにして、朝はしっかり日の光を浴びるようにしましょう。

学校の先生や親御さんからもよく言われることですので、多くの人は「またその話か」といやになるかもしれませんが、それだけこれは重要なことなのです。もちろん健康のためでもありますが、メンタル的な問題があまり起こらないようにするためでもあります。

夜の時間は、考えが止まらなくなってうまくいかないことがあります。夜の闇は、人間の気持ちを落ち込ませてしまうからです。逆に、メンタルが落ち込むと、部屋も暗くしてしまうことがあると思いますが、朝日の光を浴びるようにすると問題が解決されることがあります。

これは科学的に説明可能な話です。人間は、日光を浴びることによって、脳内にセロトニンという神経伝達物質が分泌されます。人はセロトニンが分泌されることで、心が安定して気分も向上し、脳を活発に働かせることがわかっています。健やかなメンタルを維持するためには、日の光を浴びることは重要なのです。

さらに、しっかりと朝ごはんを食べることが重要です。朝ごはんを食べる、食べないではその日の体温の上がり方も異なります。食べることで眠っていた身体が覚醒し、内臓が動き、体温が上昇し、代謝も上がります。また、脳の大切なエネルギーはブドウ糖です。ブドウ糖の役割は脳を働かせることが一番に挙げられます。朝食を食べないということはそのエネルギーを断つことと同じです。それでは頭が回らず、集中力も持続せず、気分も落ち込んでしまうことになります。それを回避するためにも、朝ごはんをしっかり摂りましょう。

朝ごはんに何を食べるかについては、タンパク質を摂った方がよいなど諸説ありますが、個人差があるので、なんでもよいと思います。食べもの自体というよりも、親やきょうだい、家族みんなが集まるということが大切です。そうやって家族が集まる時間というのは、朝しかない場合が多いので、大切にして欲しいです。教え子たちの中でも、保護者の帰りが仕事で遅くなってしまう生徒も多いです。それでも子どものために早起きして一緒に朝ごはんを食べている家庭の生徒は、生徒自身が落ち着いていると感じます。できるだけ、朝ごはんをしっかり家族と食べるように心がけましょう。

でも、朝は食欲がなくて食べられない人や、食が進まなかったり時間に余裕がなくて残してしまう場合が多い学生もいると思います。完食できないと、せっかく作ってくれた親御さんに対して後ろめたいような気持ちになってしまいますよね。

食欲がない理由として考えられるのは、夜の睡眠時間が足りていないからではないでしょうか。まだ眠くて目が覚めていない状態だったり、睡眠不足で体が疲れていると「ご飯を食べよう」という気持ちが起きないことがあります。睡眠時間がしっかりと取れていると、「さあ、今から朝だ！　今日も一日頑張るぞ！」という気分になりますし、食欲もしっかり出てくるはずです。

また、早めに起きて朝食までの時間に余裕を持つと、寝起きすぐよりも、食欲も湧きますし、食事の時間にも余裕ができ、ゆっくり食べられます。

ということで、夜更かしせず、朝は余裕を持って起きて朝ごはんをしっかり食べる人は、部活動でも受験でも結果を残すことが多いです。逆に生活のリズム・サイクルが回っていないと、うまくいかない場合があります。ぜひ意識してみてください。

07 夜は寝られなくて、朝は起きられない！

生活習慣を作る上で重要なことは、朝は起きること、そして夜は寝ることです。この2つは、生活習慣の一部となります。改善するためにはいくつかのアプローチがあります。まず、朝起きる習慣については、規則正しい生活リズムを整えることを心がけるとよいでしょう。極力同じ時間に寝て、同じ時間に起きることで、体内時計を整えることができます。これは、平日と休日でも極力ずらさないようにしましょう。例えば、平日はいつも朝の7時に起きるのであれば、休日も、できれば朝の9時までに起きるように心がけるとよいでしょう。

朝になってバタバタとしてしまうのがストレスになるのであれば、夜のうちに次の日の準備をするのも一つの手段になります。制服やお弁当の有無、教科書やノートなどの持ち物の確認を寝る前に行っておくと、朝はゆっくりと起きられます。

また、スマホや目覚まし時計を活用してアラームを設定しておきましょう。起床時間を設定して、その時刻に鳴るようにすれば、同じ時間に起きられるようになります。慣れるまでは大変かもしれませんが、毎日同じ時刻に起きる習慣をつけるのが重要です。

一方で、夜の睡眠習慣を整えるには、例えば電子機器から離れることが挙げられます。寝る一時間前にはスマホやパソコン、テレビなどの画面を見ないようにしましょう。それらの機器から発せられるブルーライトは、睡眠の質を下げて寝つきを悪くします。

寝る前にリラックスできるように、簡単なストレッチやヨガ、読書などをしてみるのもよいでしょう。安眠に効果的といわれるホットミルクやココアを飲むなどしてもいいかもしれません。

また、規則正しい生活を心がけることも重要です。毎日同じ時間に寝られるように、逆算して毎日の習慣を作っていきましょう。

さらに、寝室は極力暗く、静かで快適な環境を保つようにしましょう。寒いのであれば重ね着をする、暑いのであればクーラーをつけたり換気するなど、自分である程度、居住空間の環境を整えることが重要です。

08

遅刻はやめよう

私（萩原）は、毎日7時〜8時半の間、欠かさず朝に校門の前に立って「おはようございます！」と挨拶しています。宇都宮短期大学附属高校は8時半が遅刻のリミットなのですが、やはり遅刻してくる生徒というのも一定数います。

朝なかなか起きられない・起きたくない気持ちは非常によくわかるので、「どうして遅刻するんだ！」と怒る気はまったくないのですが、遅刻は、ただ「学校に遅れる」というだけではない、違う意味が隠されています。

それは、「遅刻する人は、学校生活全体がうまくいかない」ということです。

学校の先生の中では有名な話ですが、「遅刻する生徒が多い学校ほど、いろいろな物事がうまくいかなくなったり、乱れてしまう」というものがあります。遅刻は様々な問題の原因になるので、そこからさらに次なる問題につながってしまうということです。

例えば、遅刻によって学校の授業に置いていかれてしまうかもしれません。朝起きるのが遅くなって健康的な生活が送れず、病気がちになってしまうかもしれません。友達同士で話す時間が少なくなって、友達関係がうまくいかなくなるかもしれません。1時間目にとても面白い出来事があったとして、遅刻してしまったらその面白さを共有できませんよね。こんなふうに、遅刻というのはたくさんのマイナスが生まれてしまうものなのです。

ですから、遅刻はできる限りしないようにしましょう。アラームを複数セットしたり時間をずらして鳴るようにする。それでも難しいならおうちの人に朝起こしてもらうようにお願いしたり、友達と待ち合わせして登校するようにしたり、いろいろ工夫する方法はあると思います。

うまくいかないことは、自分の精神力だけではなく、仕組みにして解決するようにしましょう。

09 高校時代にやっておくべきこと

高校時代の間にみなさんが体験しておくべきことは、「挑戦」ではないかと私（萩原）は思っています。何か、今の自分とは違う自分になるための挑戦をするのです。思い切って部活動のリーダーに立候補してみるとか、生徒会に入ってみるとか、受験勉強を頑張ってみるとか、課外活動を頑張ってみるとか。

きっとその時、うまくいくこともあると思いますが、失敗することもあるでしょう。うまくいかなかったら、誰かから責められるかもしれませんし、落ち込むかもしれません。間違えていたら、恥をかくかもしれません。そんなことをするくらいなら、挑戦しない方がよいんじゃないかと考えてしまう気持ちもわかります。

挑戦には、努力がいります。でも、努力しても成功するかどうかはわからないので、努力しない方がマシだと考える気持ちは、誰しも持っているものなのかもしれません。

しかしそんな中で、人間は、「間違えないと学べない」という特性があります。成功だけを続けていても、実は人間は成長できないのです。

みなさんだって経験があるはずです。一度も失敗せずにうまくいっていることって、実はあまり自分の身にはなっていないはずです。逆に大失敗をして、痛い目を見て、恥をかいて、初めて人間は大きな成長ができるものです。

例えば何かを努力して、それが間違っていたとしても、そのことから多くのことを学べるはずです。恥ずかしいかもしれないし、ちょっと辛いかもしれないけれど、それが逆に「次は間違えないぞ！」と思う心にもつながります。

私は長いあいだ教員をやっていますが、卒業生の中で活躍している子たちを見ると、その挑戦が成功したかはさておき、きちんと「挑戦した」子たちが社会で活躍しています。高校時代に、挑戦して、失敗した子の方が、うまくいくのです。部活動でもインターハイを目指して努力していたのにうまくいかなかった子とか、文化祭の出し物で大失敗してしまった子とか、そういう「失敗した子」の方が、意外と将来はうまくいく場合があるのです。

失敗は、挑戦したことの証明です。失敗するかもしれない道をわざわざ選んで、突き進んだということの証拠であり、その挑戦には意味があるのです。

10 キャリアデザインを考える上で大切なことは？

高校の時期に将来を考える上で、みなさんにやってもらいたいことが一つあります。それは、自分の価値観を見つめることです。自分がどういう価値観を持った人間であるのかを考えるきっかけを持ってもらうと、将来が考えやすくなると思います。

例えば、「医師になりたい」という生徒はたくさんいますね。でも、その「医師になりたい」の理由は、たくさんあると思います。医師になった先でどんなことをしたいのか、どうなりたいのか、そういう先のことを考えている生徒は、実は少ないのではないかなと思います。

「医師になりたい」「弁護士になりたい」、そこで終わるのではなくて、人の命を救いたいとか、お金持ちになりたいとか、癌を治したいとか、人や世の中の役に立ちたいとか、そうした「自分が何をしたいのか」ということを考えてもらいたいと思います。

そんな中で重要なのは、自分の気持ちを見つめることです。自分と向き合う中で、目標と目的がはっきりしてくることがあります。

そしてそのために、みなさんにはぜひ、自分の物差しで見て欲しいと感じます。自分がどうしたいのか、自分の価値観を考えてみるのです。「物差し」というのはつまり価値観です。今、親とか先生とか、世間とか、他人の物差しで見ている人が多いです。自分の価値観が他人の価値観と一致していると錯覚している生徒が多いんです。

「人の役に立ちたい」と考えている人もいれば、「人のことなんてどうでもよくて、お金持ちになりたい」と考えている人もいます。別にどちらが正しいというわけではなくて、どちらが自分の本音なのかという問いしかありません。

高校になると、様々な環境で育った人が集まってきます。そして、そういう人たちは育った環境が違うから、考え方も違うし、夢も違うし、価値観も違います。そういう出会いがある高校は、自分の価値観を確認する場所でもあると思います。

「多様な価値観を理解する」「人がどういう行動原理で動いているのかを理解する」という、人間観察ができるわけです。ぜひ、人間観察を通して、価値観のチューニングをしてみてください。それがキャリアを考える大きな原動力になると思います。

11 高校生の間に取っておいた方がよい資格って何？

高校生の間に取っておいた方がよい資格は将来の進路や、自身の興味によって大きく異なります。ただし、取っておくと大学受験で有利になる資格も存在しますから、自分の受験志望校や、受験スタイルに合わせて考えてみてください。

例えば、英語関連資格は一つの代表的な資格です。英検でいうと、準二級が推薦などで使える最低ラインのレベルになります。可能であれば、準一級まで取っておくと、大学受験ではかなり有利になります。推薦型選抜でも英語の能力が一定以上認められますし、一般選抜でも、中堅私大レベルであれば、英検準一級資格があるだけで、英語のテストで満点換算をしてくれる場合があります。もしもあなたが、英語が得意で英語で大学受験を勝ち抜こうと思っているのであれば、英検準一級レベルまで取得することを目標にしてみてください。余裕があれば、ＴＯＥＩＣやＴＯＥＦＬなどを受験してみてもいいでしょう。

また、高校生が受験できる資格試験もあります。情報処理技術者試験などはその一例になります。これらの資格は、そこまで難しい試験ではありませんが、情報系の大学に入学したり、情報系の職に就く上で、一定の評価が得られる可能性があります。もしくは、秘書技能検定や日本語ワープロ検定を受けてみるのもいいでしょう。これらはオフィスワークに役立つ資格として、就職の際に一定以上の評価が期待できます。

経済やビジネスに興味があるのであれば、簿記や会計の資格を取得するのもビジネスキャリアの一環として役に立つかもしれません。簿記やFP（ファイナンシャルプランナー）などの資格を得ることを目標にして高校生活を送るのもいいでしょう。

医療や健康に興味がある場合は、応急手当や心肺蘇生の資格などが役に立つかもしれません。学校によっては、学内で応急手当講習会や救命講習会を行ってくれる場合もあります。医療関係の職に就きたい場合や、医大や医学部、看護学部などに進学したいのであれば、積極的に講習に参加しておくとよいでしょう。

12 大学の選び方とは？

高校生の時に考えなければならないのは、大学に行くか行かないか、そして大学に行く場合、どんな志望校を目指すかです。いろいろな選択肢があって、迷ってしまいますよね。基本的に今の日本では、大学への進学は短大と専門学校を合わせて85.1%となっていて、このうち57.7%が大学に行く選択をします（文部科学省「令和5年度学校基本統計（学校基本調査の結果）確定値より）。「多くの人が行っているから行った方がいい」とは言いませんが、これだけ大学に行く人が多いのですから、とりあえず検討してみてもよいと思います。

その上で、どんなふうに大学を選べばよいのでしょう？

先に、よくない選び方をお話しします。大学の偏差値だけで決めることです。というのも、偏差値は、別に「受かりやすさ」の指標ではないんですよね。東大は、偏差値の上では一番上だと換算されているから一番難しいと判断されていますが、一次試験の選択（いわゆる足切り）は低い学部もありますし、科目が多い分、点数としてはそこまで多く取る必要がないこともあります。

また、科目によっては東大よりも難しい問題を出す大学はいっぱいあります。数学で言えば東京工業大学や一橋大学の問題の方が難しいですし、英語で言えば東京外国語大学や京都大学の問題の方が難しいとも言われています。そもそも、単純な比較は不可能な場合が多いです。人によってはAの大学の問題が簡単で、人によってはBの大学の問題が楽に解ける。偏差値という一つの指標だけで大学の難しさを判断するのは難しいのです。

だからこそ、自分が受かりそうかどうかで判断するのではなく、たとえそこが難易度の高い大学であっても、行きたい大学を目指しましょう。その方が熱い受験勉強ができるし、自分も成長できます。自分の実力よりも上の大学を目指して勉強していれば、その高い目標を達成できたり、惜しくも叶わなかったとしても、もともとの実力以上の大学は全部合格するという可能性もあるのです。

おすすめなのは、とにかく偏差値の高いところを目指しておくことです。例えば、高校1年生の人は東大を目指して勉強しておくといいでしょう。「ええ!?　私が東大!?」「ていうか、さっき偏差値で選んじゃダメって言ってなかった？」と思うかもしれませんが、とりあえずでよいので、一番高い目標を持って勉強することがいいと思います。野球部に入ったのに、甲子園に行きたくない人はいませんよね。志望校も一番難しいところをベンチマーク（目標）にしておけば、後からいくらでも選べるようになります。

なので、とりあえずは東大を目指しておきましょう。もちろん、現実的に難しいこともあるでしょうが、それでもトップに行くんだ！　という意識で対策をしておけば、ほとんどの大学に合格できるぐらいの実力がつくといっても過言ではないでしょう。とりあえずでよいので、「東大に行く」と言ってみる。これってすごく大事なことです。

また、高校2年生や高校3年生に進級して、「東大は流石に……」という人におすすめなのは、よい教授のいる大学を探すという方法です。自分が行きたい学部の学問についての本を読んだり、自分の興味のある分野の論文を調べたりして、「この先生のもとで勉強したい！」と思える教授を探してみてください。

実のところ、「この大学に行きたい！」と決めるのは難しいです。なぜなら、大学というものについて、想像が及ばないから。だってみなさん、「その大学で学んでいる自分」を想像できますか？　それって結構難しいですよね？　それはもう、仕方がないことです。「この大学に行ったら幸せになれるのか？」なんてわからないものです。

でも、「この教授の授業を受けたら楽しそうだな」というのは、具体的で想像しやすいと思います。授業くらいであれば、きっと著書や論文を読めば想像できます。だから、大学は教授で選ぶという方法がおすすめです。ぜひ調べてみましょう。

推しの教授になかなか出会えなかったり、本を読んでみてもイメージが湧かない場合は、オープンキャンパスに行ってみるのも一つの手です。大学の中に実際に入ってみて、その学校の雰囲気を自分の五感で感じてみるのです。インターネット上の情報だけではわからない、実際に行ってみたからこそ気付けることも多いです。

また、いくつか候補の大学を訪ねると、比較することも可能です。模擬授業に参加できる大学もありますし、大学祭で特色を知ることができる場合もあります。ぜひ、直接大学に足を運んでみましょう！

13 いわゆる推薦型の選抜ってどんな受験なの？

みなさんは一般選抜以外の入試の種類について、どれくらい知っているでしょうか？
一般選抜は学力を測るものですが、学校推薦型選抜と総合型選抜は学力以外の面を評価する入試形態です。かつては推薦入試・ＡＯ（アドミッションズ・オフィス）入試と呼ばれていましたが、２０２１年度からは「推薦入試→学校推薦型選抜」「ＡＯ入試→総合型選抜」と名称変更がなされました。みなさんの親御さんの学生時代とは違って、今の時代は学力だけで大学に行けるかどうかが決まるわけではないのです。

実は、この二つの型の選抜はかなり急速に増加しており、文部科学省「令和５年度国公私立大学入学者選抜実施状況」によると、私大入学者全体の約５８．７％が学校推薦型選抜と、総合型選抜の利用者です。このままのペースでいけば、あと5年もしたら大学全体においても一般選抜で勉強して合格する人よりも、いわゆる推薦型の選抜を突破して合格する人の方が圧倒的に多くなるのではないでしょうか。それくらい、今の時期の大学受験は変革期に突入していますし、推薦型の選抜は急激に拡大しているのです。

例えば、早稲田大学は、学校推薦型選抜の募集枠を通常では考えられないスピードで増やしています。2026年までに全体の6割まで引き上げる目標を掲げているのです。早稲田大学といえば、やはり一般選抜で合格する人が多いイメージがありますよね。現在は一般選抜が6割ですので、それが逆転するわけですから、そのインパクトは大きいです。現在でも法政大学は3割以上の募集枠が推薦型の選抜ですし、難関私立大学であるGMARCH（学習院大学、明治大学、青山学院大学、立教大学、中央大学、法政大学）や関関同立（関西大学、関西学院大学、同志社大学、立命館大学）でも枠が増えているのが現状です。東大にも100人程度の枠があります。

ということで、推薦型の選抜はこれからの時代の受験のスタンダードになる可能性があるのです。

そして推薦型の選抜は、一般選抜のように、「いくつかの試験でよい点が取れれば合格する」というような明確な基準があるわけでも、「文系だと英語と国語と社会を問う」というような分類もあまりなく、「こうすれば合格する」という確実なルートがほとんどありません。大学や学部によって、本当に多種多様なのです。

小論文を提出してそれが評価される形態もあれば、グループディスカッションや面接を重視するものもあります。予め課題が決められていて、それを他の志望者の前でプレゼンする形式もありますし、共通テストの結果が大きく加味されるような一般選抜に近いものもあります。「選抜型」「対話型」「実技・体験型」などの分類があるにはあるのですが、正直それだけで語れるものではありません。

同じ大学であっても、選抜形態も求める学生像も本当に様々です。例えば、同じ早稲田大学であっても、学部によって選抜形態は大きく変わっています。

文化構想学部には、ＪＣｕｌＰ（Global Studies in Japanese Cultures Program：国際日本文化論プログラム）という選抜形態があります。これは、学生15人と留学生で構成されていて、「海外の留学生とかかわりたい、日本の文化を世界に発信したい」という人に向いていて、それに沿った特別な選抜形態になっていて、英語の志望理由書を書く必要があり、国際社会に興味があるかが問われます。

一方で、同じく早稲田大学の社会科学部では全国自己推薦という選抜が行われていますが、これは、地方ごとに枠が設定されています。つまり、住んでいる場所が都会ではないほど有利になります。そして、面接よりも自分の住んでいる地域と絡めた小論文の方が重視されている傾向があります。ちなみに、これは英語で書く必要はありません。

このように、同じ大学であるにもかかわらず、選抜の形態は大きく違うわけです。一般選抜よりもはるかに予め情報収集が重要であり、事前準備の仕方によって合否が大きく変わってくることでしょう。

これらの特徴からわかっていただけるかもしれませんが、推薦型の選抜は大学・学部・方式を選ぶ時点で、結果が左右されるということです。どれくらい自分にマッチした学部を選べるか、という「選び方」によって、合格不合格が大きく変わってしまうわけです。そのため、早いうちから情報を集めていくことが受験生には求められるでしょう。希望する大学の教育理念や目的、どのような学生像を求めているかをまとめたアドミッション・ポリシー（大学の入学者受け入れ方針）をよく読んで理解しておくことも重要です。行きたい大学・学部のことをしっかりと分析して、その上で自分の今までの経験をプレゼンできるように、高校生活を全力で楽しむようにしてみてください。

14

総合型選抜で求められるものと一番やるべきことは？

総合型選抜では、願書・小論文・面接・プレゼンなど、いろいろなものが課せられます。しかしその中で聞かれていることは「自分は何がしたくて、なぜその大学に行きたいのか」という問いだけです。結局、願書も小論文も面接もプレゼンも、大学側が確認しているのは本質的には「なぜこの生徒はこの大学に入りたいのか」というポイントだけだからです。シンプルにいうと、みなさんは、「自分は何がしたくて、なぜその大学に行きたいのか」を上手にプレゼンできるようになれば合格できます。

なぜなら、「自分は何がしたくて、なぜその大学に行きたいのか」を書く願書が課せられ、その熱意を証明するための課外活動実績や小論文が課せられ、文字ベースだけではなく自分の肉声で伝える手段としてのプレゼンや面接が課せられているからです。

逆に、どんなに他の物事が上手くいっていて、資格を持っていたり、課外活動をしてい

たり、上手なプレゼンをしていたとしても、不合格になる可能性はあります。英検やTOEIC・TOEFLも、スピーキングやリーディング・リスニングやライティングなど多面的に評価されますが、それは全て「あなたは英語ができますか?」ということでしかありませんよね。

そうであれば、英単語を覚えようとするのは全ての対策につながりますし、スピーキングの練習をしていたとしてもリーディングの勉強につながっているはずです。

結局、「あなたは英語ができますか?」という問いにYESと答えられるようにすればいいというのは同じなんですよね。総合型選抜もこれと同じで、複数のことをしなければならないように感じるかもしれませんし、実際のところそれは事実なのですが、それでも本質的にはやること自体は全て同じことでしかないのです。

そうなったときに一番最初に着手し、一番時間をかけなければならないものがあります。それは、志望理由書の作成です。大学の多くは「願書」として、一次試験の際に提出が求められる書類ですね。志望する大学のアドミッション・ポリシー（55ページ参照）をしっかり読んで理解し、書類の作成に時間をかけて、自分の中での「自分は何がしたくて、なぜその大学に行きたいのか」を完成させるようにしましょう。

15 総合型選抜や推薦型選抜を意識した高校生活について

総合型選抜や推薦型選抜について、もう少し詳しくお話ししたいと思います。もし、みなさんがこれらの選抜の型で受験したいと考えたのならば、高校3年生までの間で、「評定」と「英検」を意識して高校生活を送る必要があります。

まず、評定です。学校での授業態度や成績が評価されるシステムですね。これが高いほど、難関大学を目指すことができます。例えば、「評定平均は4.0以上あるかどうか？」というのは、偏差値の上では、早慶上智（早稲田大学、慶應義塾大学、上智大学）より上の大学を目指せるかどうかで分けるポイントになってきます。4.0に満たないと、偏差値上、早慶上智より上の大学は合格が難しくなるということです。

もちろん、評定が高いかどうかで全てが決まるわけではないのですが、基本的に評定は4.0以上かどうかで早慶上智以上の大学を目指せるかは決まってきます。普段から学校の勉強はしっかり頑張っておいた方がよいと言えるでしょう。

次に、英検です。英語検定は、年に3回実施されるリーディング・リスニング・ライティング・そしてスピーキングの全てを問う検定試験です。そして、国際的な分野にも門戸が開いている大学や学部を目指している場合、英検はかなり重要な指標になってきます。もちろん大学にもよりますが、準一級を持っているかどうかが一つのポイントになると言われています。さらに、国際的かどうか関係なく、基本的にはGMARCH（53、110ページ参照）以上の偏差値帯の大学を目指す場合は、英検準一級を取っておきたいです。必須というわけではありませんが、一つの大きな指標になることは確かでしょう。しかも、考えておきたいのは、できるだけ早く取らなければならないということです。

例えば「高3の最後の英検で準一級を取ろう！」と考えた時に、もしその試験で英検を取れなかったら全ての計画が台無しですよね？　そうなるのは避けなければなりませんから、できるだけ早めに、高校2年生か高校3年生の一学期のテストでは取れるようにするのが理想だと言えるでしょう。

ちなみに、単純比較ができるものではありませんが、TOEFLならスコア80以上が、だいたい英検準一級と同じくらいの評価だと考えられます。ぜひ意識してください。

知っ得情報①

大学入試の種類

スタディサプリ進路　進学トレンド「大学受験の基礎知識！ 入試の種類、仕組み、日程は？ 図版でわかりやすく解説！」2023年5月23日　をもとに作成

	総合型選抜
特徴	総合的に人物を評価
共通テストの受験	国公立大学では課すケースあり
選考方法	書類審査、面接、小論文、課題、プレゼンなど
評定平均を定めているか	定めているところもあれば、定めていないところもある
試験の時期	9月1日～

	学校推薦型選抜（公募制）	**学校推薦型選抜（指定校制）**
特徴	総合的に人物を評価	総合的に人物を評価
共通テストの受験	国公立大学では課すケースあり	基本は不要
出願前のポイント	高校から推薦書をもらう	高校に受験意思を表明した後、校内選考
選考方法	書類審査、面接、小論文など	書類審査、面接、小論文など
評定平均を定めているか	定めているところが大半	定めている
試験の時期	11月1日～	11月1日～

	一般選抜（国公立大学）	**一般選抜（私立大学）**
特徴	学力試験重視	学力試験重視
共通テストの受験	必須(5教科7科目が中心)	共通テスト利用入試あり
選考方法	学力試験	学力試験(3教科が中心)
評定平均を定めているか	定めているところもあれば、定めていないところもある	
試験の時期	2月下旬～	1月下旬～

出願方法や選抜方法は各大学によって異なります。
志望校の募集要項をよく確認しましょう!

第2章

テスト勉強・受験対策強化の章

学習環境の整え方、勉強する場所、予習復習、小テストや定期テスト対策、スケジュールの立て方、先生の活用法、受験を見据えた文系科目や理系科目の選び方など、毎日の学習を強化して進路の選択肢を広げるコツをお話しします。

01 学校の授業の受け方のコツは？

学校の授業が難しすぎると感じる場合は、予習をしながら受けるようにしましょう。事前に「どこがわからないか」を明らかにした上で授業を受けることで、授業中に浮かぶ疑問をあらかじめ絞れます。授業についていけなくなる要因の一つに、「ある疑問に気をとられているうちに授業が進んでしまう」ことがありますが、予習はこれを防いでくれます。

そのため、授業が難しいと感じるレベルならば、予習をしながら授業を受けて、質問事項を決めておくとよいでしょう。授業前後には必ず先生に質問をしてください。

逆に、学校の授業が簡単すぎると思うなら、復習だと考えるようにしてください。自分が本当にわかっているのか、全ての基本事項を確認するつもりで授業を受けましょう。この場合は予習をする必要はありませんが、その代わりに授業中はしっかりと寝ずに臨みましょう。

そして、先生が話す全ての内容が100％理解できているのか、自分でその問題を解けるかを常に考えるようにしてください。仮に自分でできないことが見つかったのであれば、あなたにとってその授業は「簡単すぎる」レベルではないのです。

また、授業中に別の教科の勉強をする行為、いわゆる「内職」はすべきではありません（詳しくは64ページ参照）。なぜならば、単純に効率が下がってしまうからです。ある話を聞きながら、まったく別の作業をすることは、ノイズの中で集中作業をするに等しく、それでは集中力が下がってしまいます。作業効率が落ちたまま勉強をするのは、時間的にも体力的にも無駄でしょう。

それよりも、授業を受ける時間を前向きにとらえて、その時間にすべき教科の内容をきちんと把握できているのか確かめた方が有意義です。

02

授業中の内職、やっぱりダメ？

絶対に内職はしてはいけません。これには二つの理由があります。

一つ目の理由は、単純に作業効率が落ちるためです。授業というサウンドを聞きながら、全く別の教科の勉強をするのは困難です。例えば、耳から入ってくるのは古典の枕草子の一節なのに、頭の中では二次関数の解の配置問題を解いている。やろうと思ってできないことではありませんが、頭の中で二つのことを同時進行するのは作業効率が落ちます。

これには次のようなデータも存在します。音楽を聴きながら勉強をすると、意識の上では勉強がはかどっているような印象を受けますが、実際には作業効率が低下しているのだそうです。人間の脳はマルチタスクを好みますが、実際にマルチタスクに向いているわけではありません。一つのことにじっくり腰を据えて取り組んだ方が、作業がはかどる場合が多いのです。

二つ目の理由は、先生からの評価が下がることです。内職は多くの先生が禁止していま す。先生が一生懸命考えた授業を放棄して、生徒のオリジナルの勉強法を試されているのですから、確かにいい気はしないと思いませんか?

ここで、先生からの評価が下がる場合のデメリットを考えてみましょう。まず、あなたの内申点に影響が出る可能性があります。内申点は授業態度や提出物など、日々の頑張りで評価されます。これは、一般選抜にしろ、推薦型選抜にしろ、どちらにしても中学、高校での授業態度を書いた調査書と呼ばれる書類を出願先に提出するので、あなたが普段どのように授業を受ける生徒なのか隠すことはできません。十中八九バレてしまいます。

さらに、あなたの個人的なお願いがしにくくなります。先生と仲良くなり、よい関係が築けていると、個人的に問題の演習プリントを頼んだり、添削をお願いしたり等、様々な恩恵を受けることができます。これらの特典を蹴ってまで得られるものが、授業中の貧弱な集中力で行う自習時間だけならば、損をしていると言わざるを得ません。二つの面から総合してみた時に、内職は得るものが一つもない、損をするだけの行為なのです。

03 先生の活用法を教えて!

先生には、とにかく質問をしに行くようにしましょう。授業中に出てきた質問、予習復習中に出てきた質問、自分でやっている参考書の途中で出てきた質問、何でもありです。とにかく、何か疑問点が出てきたら、すぐに質問に行くようにしてください。

こうすることで、利点が二つ生まれます。一つは、単純に学力が強化できることです。学習の進歩は、わからないことをわかるようにすることで生まれます。自分の解けなかった問題を、ひとつひとつ解けるようにしていくことで、だんだんと成績は上がっていきます。

それでは、わからない問題を解くためには何が必要なのでしょう? それこそ「質問」です。質問とは、自分のわからないことを教えてもらう行為です。自分のわからないことを明らかにすれば成績が上がる勉強において、手っ取り早く成績を上げたいのであれば、とにかくいろいろな質問をしていくことが一番の早道になります。どんなにくだらないと思うことでも構いません。先生もプロです。あなたが抱えている疑問に、もしかしたらずっと以前に先生も突き当たっていて、しかもそれを突破してきたのかもしれません。自分だけで何とかする気持ちも重要ですが、効率よく自分の成績を上げたい、少しでもわからないと思ったのであれば、先生に質問することをおすすめします。具体的には3分考え込んでも答えが出てこなければ、質問しに行くようにしましょう。

もう一つの利点は、先生と仲良くなれることです。先生方は、基本的に教えることが大好きです。いろいろなことを吸収してくれる教え子のことを本当に心から尊敬していますし、うれしく思っています。だからこそ、あなたの質問が先生の迷惑になることはありません。むしろ喜ばれる可能性が高いです。そうして仲良くなった先には、特別に問題演習のプリントを作ってもらえたり、添削をしてもらえたりするかもしれません。より多くの協力を得られるようになりますから、先生とは仲良くなった方が得なのです。だからこそ、先生には多くの質問をしに行くようにしましょう。

04 どこで勉強するとはかどる?

どこで勉強するかによって、勉強が続くこともあれば、あまりモチベーションが上がらない時もあります。家ではなかなか勉強ははかどらないのに、自習室に行ったら勉強が進んだという経験は誰しもあるのではないでしょうか。たかが勉強場所の違いなのに、どうして勉強のモチベーションが変わるのでしょうか?

それは、ルーティンの問題です。自分の中で「この場所はこういうことをする場所だ」というルーティンが定まっている場所では自然とそれができるし、それ以外のことはなかなかできないのです。

例えば、バスルームに行って「さあまずは何をしようか?」といちいち考えて身体を洗っているという人はいないですよね? シャワーを浴びたり、シャンプーで髪を洗ったり、トリートメントをしたり、行動自体はたくさんあるはずですが、それらはほとんど意識することなく、自然にバスタイムを過ごしていることと思います。それは、何度もそういう行動をして身体に染みついているからです。

同じように、学校や自習室は仕事をする場所というイメージがあり、実際に自分以外の人間も勉強したり仕事をしているので、そこで活動することは「習慣化」されています。もう無意識的に勉強も仕事もできるわけです。

しかし、家での勉強はルーティンができていないことがあります。家は今まで「休む場所」ということで自分の中でイメージが固定されてしまっており、勉強をやる習慣ができていないことがあるのです。部屋でゲームをしたりスマホでSNSばかり見ているという人は、なんとなく部屋に戻るとゲームをしたりスマホを触ってしまうわけです。それ自体はもうどうしようもないので、「勉強がルーティンになる場所を作る」という解決方法を取ってみるのもいいのではないかと思います。

学校や自習室など、みんなが勉強している場所に行くのはそういった意味でとても有効的です。もし使える自習スペースがあるならぜひ行ってみましょう。近くに公共の図書館や無料の自習スペースを探してみるのもよいと思います。

もしそういった場所がないのであれば、家の中で場所を変えて勉強するのもおすすめです。例えば、自分の部屋ではなくリビングや廊下で勉強するというのもよいでしょう。

自分の部屋というのはもう「休む場所」というイメージがあり、休むルーティンができてしまっています。長年培ってきたそのルーティンを壊すのは時間がかかってしまいます。そこで、まだ今ルーティンがない場所で習慣を作ってしまうというわけです。

実は、学力が伸びやすい子の特徴として、リビングで親やきょうだいが何か違うことをしている中で勉強していたという場合が多いことを知っていますか？　人から見られていることによる緊張感もありますし、そこで勉強する習慣を作ることは部屋よりも何倍も楽なわけです。僕（西岡壱誠）も、部屋での勉強よりもリビングでの勉強の方がはかどる場合が多いので、家族が外出している時はいつもリビングで勉強していました。

また、部屋でしか勉強できない人は「立ってやる」というのがおすすめです。椅子に座ったりベッドに横になりながら仕事をするのはそのまま休んでしまいがちですが、立って何かをするというのはそのルーティンがないという人も多いと思います。だからこそ、これから「立って勉強する」というのを習慣化してしまうことができるわけです。東大生でも立ちながら本を読んだり論文を書いたりしている人が結構います。

もう一つ言えることとして、勉強場所を外に設定すると、友達と遭遇したり、待ち合わせたり、一緒に勉強する仲間ができる可能性があるということです。一人ではやる気が持続しなくても、同じ目的を持った友達が同じ空間にいると心強く張り合いになります。「家で勉強することが多い」という人でも、「試しに外に出かけて図書館やカフェで勉強したら、意外とはかどった」という話もよく聞かれます。一度、試してみてはいかがでしょう。

このように、勉強がはかどらないなと思ったら場所や姿勢を変えて、そこでの作業をルーティン化する方法がおすすめです。ぜひ試してみてください！

05
勉強机をきれいにしよう

「成績が上がるか上がらないかは、机の上のきれいさによって決まる」、と言ったらどう思いますか？　「そんなばかな」と思うかもしれませんが、実のところ、これはよくある話です。机の上が勉強と関係ないようなものであふれているような状態ではなかなか勉強ができません。漫画やゲームが置いてあったり、お菓子のごみやレシートがたくさん置いてあったら、そこで集中するのは至難の技です。

逆に、きちんと整理されて、参考書や教科書がたくさん置いてあり、文房具などが整理して置かれていたら、そこで集中するのは簡単です。

人間は、環境によって左右される生き物です。暑い砂漠で読書しようと思っても集中できませんよね？　めちゃくちゃうるさい騒音の中で眠れませんよね？　それと同じように、勉強には勉強に適した環境があり、勉強をする前には、その「環境」を整えなければなら

ないのです。もしみなさんが、「なんか集中できないんだよな～」「なんかやる気にならないんだよな～」と思ったら、まず真っ先にやるべきは、「やる気を出そう！」という精神論に頼って無茶なことをするのではなく、とにかく机の上を整理して、「勉強」に適した環境を作ることなのです。

学校で配られたプリントがどこにあるのかわからず、探すところから始める状態ではいけません。クリアファイルを買って、プリントを整理し、いらなくなった紙は定期的に捨てるようにしましょう。また、教科書や参考書が机の上に横向きで積み上がっているという人は要注意です。教科書や参考書の中にプリントを挟んでいたり、関係ない本が混ざっている状態にならないように、必ず整理整頓をしましょう。

整理といっても、ただ闇雲に整理すればいいというわけではありません。ちゃんと各科目で整理する必要があります。国語と数学と英語と理科と社会がミックスになってしまっていると、取り出す時に時間がかかってしまいますよね。国語のスペース・数学のスペース・英語のスペース、と順番に分類して整理していきましょう。

カバンの中身もそうですね。ぐちゃぐちゃの状態でカバンにそのままプリントを突っ込むのではなく、しっかりとクリアファイルを使う習慣をつけましょう。

06 小テストって真面目に取り組むべき？

高校に入ると、小テストをサボろうと考えている人が大勢います。日々の漢字テスト、単語テスト、句形や文法事項の暗唱などは面倒くさく感じることもあるでしょう。

ですが、小テストをサボるのは成績を上げる際の妨げになります。もしもあなたが成績を上げたいと本気で考えているのなら、まずやるべきは「毎回の小テストで満点をとるようにすること」です。なぜならば、学校の定期テストや、高校・大学入試を含む全てのテストは、小テストの延長線上にあるからです。

みなさんが学校で受ける小テストの多くは、きっと英単語や漢字の書き取り、暗記に関わるものでしょう。もしくは、計算力の確認テストかもしれません。これらは、直接的には定期テストなど大きな試験に表れませんが、関係するものです。

例えば、英語の試験で出てきた長文問題を解くためには、英単語の小テストで出てきた単語をしっかり覚えていなくてはいけません。国語の試験で漢字が読めないと、その文章の意味を正確に取れません。これらは大げさに言っているのではなく、本当にそうなります。なぜならば、優れた先生の作る定期テストは、全て、小テストで出された課題をしっかり解けていないと解けないような問題が出題されるからです。

日々の小テストは確かに面倒に感じるかもしれません。しかし、それらを解けていなかった時に一番困ってしまうのは、定期テスト本番のあなたです。小テストの内容は、くだらないことではありません。むしろ「この程度も解けないなら、ここから先の問題に挑む資格はない」ことの警告です。ですから、小テストはサボるのではなく、むしろ毎回必ず満点をとれるようにすべきです。そうすることが、後々の大きなテストでの高得点につながります。

07 提出物が面倒くさい。出さないとダメ？

絶対に学校への提出物は期日内に出してください。これには二つの理由があります。一つは、復習にあります。通常、宿題は授業の内容を復習するために出されます。今日は新しい数学の公式を習った。その使い方がまだ身についていない。だからこそ、ワークやドリルを使ってその公式の使い方を実戦形式で演習してみましょう。このような考え方の下で、毎日の宿題は出されています。

数学に限らず、英語や国語、社会理科など、ほぼ全ての科目で共通する上達するためのコツは、とにかく演習をすることです。勉強には暗記作業など知識を入れるインプットの作業と、頭の中に入った知識を確認するアウトプットの作業がありますが、成績を上げるために必須なのはどちらかというとアウトプットの作業です。どれだけ知識を頭に入れられたとしても、適切なタイミングで適切な語句をアウトプットできなくては意味がありません。毎日まじめに単語帳などを眺めているのに成績が上がらない人は、きっとアウトプットの量が足りていないのです。

では、どこでアウトプットを練習すればいいのか？　それこそ、日々の宿題や小テストで練習していくのです。聞かれたことに答える。ただそれだけのことですが、それができないから点数が低いままなのです。これを自覚して、聞かれたことに答えるための練習をしなくてはいけません。だからこそ、宿題は重要です。

また、もう一つは学校で先生方が決めている内申点の問題があります。内申点とは、テストの点数だけでなく、模試の点数や、提出物の提出率、普段の生活態度などを総合して決める点数です。この点数が高いほど、受験時に指定校推薦などで声をかけられやすくなります。提出物の未提出は、これを下げるだけですから、百害あって一利なし。何もいいことがありません。もしどうしても提出物が出せないのならば、このリスクをしっかりと認識した上で出さない選択をしてください。

08

定期テストの勉強はいつ頃からするべき？

「定期テストの勉強はいつ頃からするべきですか？」という質問は、高校生からよく聞かれる質問の一つです。定期テストの１週間前から部活動がお休みになる学校は多いですね。なので、一週間前からやればいいや！　と言っている人も多いです。

テスト勉強はあくまでテスト範囲の内容をどれだけ理解しているかが問われますから、極端なことを言えば、ずっと真面目に勉強して、元から１００点が取れる実力があるのであれば、テスト勉強をする必要はありません。とはいえ、それができる人は少数派でしょう。多くの人は１００点を取るために勉強が必要だと考えます。

「いつからテスト勉強するべきか」の答えは「１００点が取れるようになるまでの十分な期間だけ」になります。テスト前に10分だけ勉強すれば１００点が取れるなら、そうすればよいですし、３週間勉強しないと足りないと思うなら、そうしましょう。先ほども述べ

たように、極論を言うのであれば、100点を取れるなら勉強は必要ありませんし、取れないなら取れるようになるまでが必要な勉強量です。

とはいえ、この回答ではいつから勉強を始めるべきかわかりにくい部分もあるでしょう。ですから、一つ指標を示します。それは、普段の授業が理解できているか否かです。普段の授業から小テストが90点、もしくは100点など取れているのであれば、1~2週間前から毎日2時間も勉強すれば、十分な点が取れるでしょう。

一方で、普段の授業から先生が何を言っているのかわかっていなかったり、小テストで80点以下の点数しか取れないのであれば、できるだけ早い段階から、可能ならば毎日勉強をしておくべきです。勉強すべき内容は、毎日の授業内容の復習です。授業で何を習ったか、その内容はどんな意味なのかをしっかり理解するまで頭に叩き込む。これだけで、テストの点数は飛躍的に上昇します。普段の勉強の延長線上に定期テストがありますから、「テスト勉強」と特別視しないで、あくまで「いつもの予習復習をしっかり行う」ことを意識するのが大事です。

09 定期テストの勉強方法を知りたい！

定期テストは、多くの学校で年間に5回行われます。一学期の中間と期末テスト、二学期の中間と期末テスト、そして三学期の学年末テストです。基本的に、中間テストの科目数は少なめで、期末テストの科目数は多めになっていると思います。この定期テストでよい点を取れれば、学校の評価である「評定」が上がり、いわゆる推薦型の選抜で受験する場合、可能性が広がります。逆に赤点を取ってしまうと、進級が危うくなり、留年してしまうかもしれません。中学と高校の違いは、留年も退学もあることです。気を抜かずに勉強しましょう。

その上で、みなさんに質問です。なぜ同じ授業を受けていて、同じ勉強をしていても、定期テストでよい成績の人と悪い成績になってしまう人がいるのでしょう？　不思議に思いませんか？

隣の席の子は同じように授業を聞いて、部活動もやり、勉強時間は自分より少ないはずなのに毎回テストではいい点数を取っている。それに対して自分はいい点が取れなくて……そんな経験をしてしまう高校生は毎年多いです。この差を生んでいるのは、生まれつきの頭のよさの違いではありません。実はちょっとした意識なんです。

「定期テスト本番だったら、どうやって問われるか？」ということを意識して勉強できているかどうかが重要な鍵なのです。

詳しく説明しましょう。みなさんは、普段勉強していて「質問」を意識したことはありますか？　例えば授業中、先生が何かの英単語を生徒たちに教えたとして、頭のよい人はこのように思考します。

「ああ、この単語は定期テストでこんな問題として出題されそうだなぁ」

「ってことは、ここは2つセットで覚えておかなきゃいけないよな」

と。要するに、テストで出る形式から逆算した勉強を積み重ねているのです。

どう出題されるかがわかっていれば、効率的に勉強できます。例えば先生に「次の定期テストは4択問題の試験だぞ！」と言われたら漢字は覚えなくていいですよね。選択肢に正解できればよいだけなんですから。逆に「記述式だぞ！」と言われたら、漢字が答えられるかどうかも確認しなければなりません。そうでないと点数に繋がらなくなります。

「今の勉強が、どんな問題になるのか？」

これを意識して先生の話を聞いていれば、「あ、今のは覚えないと」「ここ、試験に出そうだな」とわかるようになります。「山を張る」という言い方がありますが、それが成立するのはきちんと授業で「どこが試験に出そうか」を意識して聞いている人だけなのです。そして、そのためには、普段から問題を作る勉強をすることだと言えます。

点数が取れるシンプルな方法は、科目にかかわらず、「これ、問われそうだな」という単語を一生懸命ノートにメモをしていくやり方です。メモした単語に軽く説明を加える。説明を読んでその単語を答えられるかをチェックしていくのです。そうすると、少なくとも「覚えなければならないこと」で点を落とすことはなくなります。正直、難関の高校でなければ、大抵の科目はこれでケリがつきます。覚えるべきことを覚えても点が取れない試験なんて、そうはありません。定期テストであればこれで十分対応可能なのです。

他に参考になりそうな教え子の学習法の事例を紹介しましょう。まず、教科書をコピーし、その中で重要そうなポイントを黒で塗りつぶして、「穴埋め問題」を自分で作成するやり方。これなら確かに、書かなくても問題が解けて効率がよいですし、各授業の終わりなどに復習しておけばテスト勉強はいらないかもしれません。

他には、教科書の重要そうな一文に線を引いて、その部分が答えになる聞き方を考え、「記述問題」を作成するやり方。記述式の問題であっても、確かにこれなら対応できます。

こうして「どう問われるか」を意識して勉強すれば、普段の勉強の質が高くなり、成績が上がるというわけですね。

さて、東大に合格した人でこんなことを言っている卒業生がいました。

「定期テストは、自分と先生の問題の出し合いだ」

自分だったらこういう問題を作ると表明し、逆に先生はどんな問題を作ったのかと問う。それが正解であれば点が取れるし、自分の想定よりも難しい問題だったら点が取れない。そういう意識でテストに臨んでいると、確かに普通の人よりも点が取りやすいんですよね。

受験勉強において、定期テストを馬鹿にする人がいます。「定期テストでよい点を取ったって意味がないじゃないか」と。しかし、こんなふうに「問題の出し合い」だと捉えると、まったく別のものであると考えられます。定期テストは問題作成能力を磨き、自分の勉強の質を高める絶好の機会だと言えるわけですね。ぜひみなさんも、定期テストをそのようなチャンスだと思って勉強してみましょう。

10

予習のやり方とは？

逆にみなさんに質問させてください。そもそも、予習って何でしょうか？　予習の定義を、みなさんは説明できますか？　割と難しくないですか？　なぜなら基本的に、どんな勉強だってまだ未修のものがあって、全ての範囲は予習するべきものであるはずです。

予習の予は、「予め（あらかじめ）」という意味です。でも、予め、なんの前に勉強するというのでしょうか？　一般的な定義としてではありますが、基本的に予習とは「学校で習う前、本格的に勉強が始まる前」にやっておくことを指します。みなさんも「学校の予習」を思い浮かべると、授業前日に明日の授業の範囲を読んでおこうとか、そんなふうに考えて読むのではないかと思います。

ここでもう一つ質問です。それには何か意味があるのでしょうか？　後から本格的に勉強をするわけですから、正直先にやっておく意味なんてないのではありませんか？

実際、これは本当にそうなんです。先取りして勉強するよりも、一回やった後で復習の方に力を入れていった方が成績も上がりやすいです。そう、予習するよりも復習の方が、価値が高いんですよね。そっちに時間をかけた方がよいです。

とはいえ、これは逆のことが言えると思いませんか？　復習をやらなければならないからこそ、先に予習をしておくべきだと言えるのです。なぜなら、そもそも一度全部大雑把に予習しておけば、あとは全ての事柄が復習になり、結果的に復習の時間が増えるからです。復習に時間をかけられる人というのは、言いかえれば予習を頑張った人だと言えるのです。

だからこそ、一つ覚えて欲しいのは、予習はなるべく、広く浅くやっていきましょう、ということ。後から復習することが前提ですから、深く覚えようと努力する必要なんてどこにもないのです。むしろ、「後でやるから忘れてもいいや」の精神で浅く予習していくことが肝要なのです。

理科社会でおすすめなのは、一度、全体をざっと流し読みしてみることです。前述したように後から復習することを前提にして、深く覚えようとしなくてもよいのです。「後でやるから忘れてもいいや」の精神で、浅くやっていきましょう。

「え？　そんなのでいいの？」と思うかもしれませんが、理科社会はそれでよいのです。なぜなら、「流れ」を掴《つか》む方が重要だからです。全ての物事は全体の中の一部でしかありません。

例えば「弟が人前でプレゼンした」という出来事があった場合、それは普通にただのイベントです。でも、「人前で話すのが苦手ですぐ緊張しがちな弟が、なんと、人前で話すことができた」という話になれば、「ああ、すごいイベントだったんだな」と感じるはずです。

つまり、前後の流れによって、そのイベントはカラーを変えるのです。日本史の中に元《げん》寇《こう》というイベントがありますが、その元寇は何年にあったのか、ということは必要ないのです。

むしろ、その前の時代に何があって、その後の世界に影響を与えたのか？　日本史の中で元寇によって発生したこともあれば、元寇の原因になったこともある。そんなふうに、「流れ」の中に「出来事＝イベント」がある、ということを意識しましょう。これは、理科でも社会でも、どの科目でも言えることなのです。

もっと言うなら、元寇だけを勉強していても元寇のことはわからないんですよね。だからこそ大切なのは、流し読みをして、全体的な印象を捉えることです。「全体を大雑把に掴む」ということをしてください。

参考書を進めていく時も、この「大雑把に掴む」という能力が活かされます。いったん全部教科書を読んで、「なるほどこういう流れなのか」と理解していく。「全部ザーッと参考書を読む」ということをしてみてください。

人間は忘れる生き物です。だから細かい知識は置いておき、一度大雑把に理解して、後から細かいところを詰めていくという方法で進めてみましょう。

11 スマートフォンやタブレットを使った勉強法

最近はスマートフォン（スマホ）やタブレットを使って勉強できるアプリケーションが増えてきました。英単語の暗記や、数学の計算トレーニング、社会科の一問一答など、様々な内容をスマホ一台で勉強できます。この本でもいくつかそうした勉強を紹介しますが、スマホというのは、賢く使えばいくらでも成績が伸びる可能性がある魔法の機械だと言えるでしょう。

一方で、スマホを使って遊ぶこともできます。動画を見ることもできれば、漫画を読むこともできますし、音楽を聴いたり、ＳＮＳ投稿や友達とのメッセージでのやり取り、ゲームだってできます。勉強から遊びまで何でもできてしまうのが、スマホの特徴です。

ですから、スマホの使い方はあなた次第。自分が勉強のために使おうと思って、そのために使えるのならば、スマホは制限する必要なんてありません。むしろ、ガンガン使っていろいろな知識を吸収した方がよいでしょう。使えば使うほどあなたは賢くなる可能性があります。

ですが、スマホを使って勉強しようとすると、ついつい遊んでしまう人、もしくは、スマホを使って勉強したことがない人は、スマホを勉強とうまく結びつけられていませんから、スマホの使用には制限をかけるべきかもしれません。

特に、普段からスマホにすぐ触れてしまう依存傾向がある人は要注意です。時間や使う場所を決めたのに、自分の中での約束を守れずに使い過ぎてしまうようなら、それは物理的にスマホを引き離す必要があるかもしれません。具体的には、自分と違う部屋にスマホを置き去りにするなどして、手がスマホやタブレットに伸びないようにする工夫が必要です。もし学校や塾にいて、他の部屋に機器を置き去りにするのが難しいようなら、電源を切って、カバンの一番底にしまうなど工夫しましょう。これらをやってもついつい手が伸びてしまうのであれば、もはや学校や塾にスマホを持っていかないとか、受験期間中だけ解約する、ＳＮＳのアカウントを削除するなどの強硬手段に出る必要があるかもしれません。

12

動画を使った勉強法

みなさんにおすすめの勉強法の一つに、動画を使った勉強があります。新型コロナウイルス感染症の流行により、多くの学校現場で注目されるようになりました。

昨今、勉強動画を配信するサービスは数多く存在しており、スタディサプリやＹｏｕＴｕｂｅでも勉強系の動画がたくさん再生されています。勉強しようと思った時に、スマホで勉強の動画を観る手段を取ってもいいのです。

とはいえ、動画だけで全ての勉強が完結するわけではありません。手を動かして問題を解かないと難しい科目もあるでしょう。1度聞いただけではわからないこともあると思います。そんな中でおすすめなのが、「ザッと流して全体を掴む」という勉強のスタイルです。

通学の行き帰りの電車やバス内の時間に、2倍速でよいので、とにかく動画を観てみるのです。細かい部分の暗記や理解が追いつかない部分があってもよいのでとりあえずザッ

と流してみて、その上でもっと勉強しようと努力してみる。そうすることで、全体的な理解をして勉強に臨むのです。

大枠の流れが理解できれば、細かい部分を覚える時に非常に役に立ちます。日本史の勉強をする時に、平清盛が登場したとして、「武士」という考え方が江戸時代まで続くのだと理解している人とそうではない人では、理解度には差が出てしまうはずです。だからこそ、大雑把に、ラジオ感覚でもよいので動画で大枠を掴むといいのです。

また、動画授業ではピンポイントで勉強したいところのみを勉強することも可能です。自分の理解ができていない分野の動画を選んで、自分が理解できていない動画の箇所まで飛ぶことができるんですね。

例えば「とある男が授業をしてみた」という教育系のYouTubeチャンネルでは、元塾講師の葉一《はいち》氏が中高生向けの勉強動画をかなり網羅的にアップしています。これらの動画をメインで観るのではなく、勉強していてわからないところのみを復習のために使ってみる、といった「戻り学習」は非常に有効なのです。時間を短縮しつつ、かつ理解できていない穴を塞ぎながらしっかり勉強することができるのです。ぜひ、うまく活用してみてください。

13 アプリを使った勉強法って？

物語を暗記する時に、みなさんはどのように覚えますか？　書いて覚える人、聞いて覚える人、見て覚える人、いろいろなタイプがいると思います。しかし、そのどれもが「本当に覚えられているかどうか？」がわからなかったり、「覚えたと思ったのに！」とか、「何時間勉強したのに暗記できなかった！」となってしまったり。

そんなふうに「ちゃんと覚えられるかどうか？」が曖昧で、苦手な人が多い分野だからこそ、暗記はデジタルに任せるというのも一つの手です。スマホに暗記アプリをダウンロードして、それを実践してみるのです。英単語が代表的ですが、それ以外の社会や理科の暗記のアプリもあります。ＡＩが問題を出題してくれて、それを解いていくことで自然と覚えられるようになるというものです。

暗記するのに一番やりやすくてわかりやすい方法は、問題を解くことです。昔から、単

語を赤シートで隠して答えられるかをチェックしたり、単語カードの表に問題、裏に答えを書いて答えが思い浮かぶかをチェックしたり、といった方法が暗記において行われていました。これらは覚えられているかどうかをチェックする行為ではなく、覚えるために行っているもの。物事を記憶しようと頑張る「インプット」よりも、「アウトプット」の方が暗記は定着しやすいというのが、コロンビア大学のアーサー・ゲイツ博士の研究結果でわかっています。

そして、このやり方をスマホのアプリであれば応用できるわけです。AIにより自動で問題を作成させたり、作った問題をランダムに出題させたりすることが可能なのです。しかも、わからなかったり解けなかったりした問題に関しては後から見返すこともできます。スマホを使った暗記法をぜひ試してみてください。

14 勉強スケジュールの組み立て方

「志望大学に行きたいけれど、どれくらい勉強すればいいの？」「自分でどれくらいの時間勉強すれば難関大学に行けるの？」という疑問は、多くの高校生が直面する問題です。

そもそもどのように自習を進めていくべきなのかというと、まずは「勉強スケジュール」を決めてしまう方法がおすすめです。

よく、【朝8時〜12時に勉強、昼12時〜15時は休憩、15時〜19時勉強】というような感じで、ガチガチに休日のスケジュールを組む人がいます。これでうまくいく人もいるのですが、このやり方だと、どうしてもうまくいかない人も一定数います。なぜなら、これだと「あー！ 11時までしか勉強できなかった！」「用事が16時までかかっちゃった！ どうしよう」というように、スケジュールのリカバリーが難しいのです。ガチガチに組んでいるからこそ、想定外のことが起こると対応できないし、うまくいかないわけです。

そこで、先に「どれくらい勉強するのか」だけ決めておき、あとは「いつのタイミングでその勉強を終わらせてもいい」、という方法を取るのがおすすめです。

①勉強時間と、睡眠時間と、休憩時間を決める。
②次に、勉強時間の中で、何を終わらせるかをある程度決める。
③そして、いつ、どのように勉強して睡眠を取るかは自由にして、その決められた時間配分は守れるようにしていく。

……という3ステップで自分の勉強スケジュールを組み立ててみましょう。

ちなみに、おすすめの時間配分は次のような感じです。これくらい勉強できていれば、難関大学に合格することは夢ではありません。

●高校1〜2年生
勉強時間：平日2〜3時間　休日6〜9時間
睡眠時間：平日・休日共に7〜8時間

●高校3年生
勉強時間：平日4〜5時間　休日9〜11時間

睡眠時間：平日・休日共に7～8時間

また、休日の勉強スケジュールについておすすめなのは、「午前中か、午後の早い時間に、テストをする」というものです。例えば東大に合格した人に話を聞いてみると、9～14時くらいの間にテストを実施していた人が多いです。過去問や単語テスト・参考書に付いている確認テストなどを、時間を計って解くところから勉強タイムをスタートしているのです。

なぜテストから始めるのか？　それは、緊張感を持つためです。一日中ずっと勉強していると、だいたいの人がだらけてしまうのではないでしょうか。特に朝や、お昼休憩が終わった後の時間は、「勉強したくない」「眠い」と思いがちです。

そこで、テストを解くのです。テストは、やることが明確で、本を読んだり問題集を解く時のような「だらけ」が生じません。純粋に問題が解けるか解けないかをチェックして、頭をフル回転させることができます。そして、そのテストの中で解けなかった問題を、頑張ってその後の時間で復習していけばよいのです。

このように、「テスト」→「解けなかったところの復習」という勉強のサイクルを、しっかり続けていくと、必ず成績は上がります。「どうやって成績を上げればいいかわからない！」

という人が多いと思いますが、できなかったところができるようになれば、必ず成績は上がります。テストで「どこができなかったのか」を把握すると、やるべきことは明確になっていきます。解けなかった問題を対策し、忘れていた事項を復習すればよいのです。

復習が終わったら、またテストをしましょう。復習した結果、もう一度同じ問題を解いた時に解けるようになっているのかを確認するのです。「テスト」→「解けなかったところの復習」→「確認テスト」と繰り返すイメージです。

高校1～2年生の間は、休日にこの「テスト」の時間が2時間、「解けなかったところの復習」が4時間、「確認テスト」で1時間、合計7時間くらいの勉強時間が毎週確保されていれば、成績はかなり上がっていきます。そして、各定期テストや模試のタイミングでも、同じように「解けなかったところの復習」→「もう一度同じテストを解いてみる」ということを実施することで、その知識はより確固たるものになっていきます。ぜひ参考にしてみてください！

最後に一つ補足すると、最も重要なポイントは、睡眠時間だけは削らないことです。部活動がある人は、勉強は机の前に座らなくても、行き帰りの電車や歩きながらの復習も含めてできるはずなので、それで勉強時間を稼ぐようにしてください。

15 宿題が終わらない。上手な時間の使い方を知りたい！

まずは、あなたの一日のタイムスケジュールを把握する必要があります。自分がどのように一日を過ごしているのか、全部書き出してみてください。例えば、7時起床〜8時まで登校準備→30分移動時間→8時30分登校→15時30分まで授業→18時まで部活動→18時30分に帰宅→20時まで自由時間→21時30分まで勉強→30分で就寝準備→22時就寝。

といった具合です。このように、一日のスケジュールを書き出せば、自分が、いつ、何に、何のために時間を使っているかが一目瞭然になります。

一日は24時間しかありません。それは、あなたも、あなたの友人も、親御さんも、先生も、みんな平等です。同じとはいえ、課題が終わっている学生と、課題がどうしても終わらない学生が出てきます。それは、能力の差もあるかもしれませんが、一番大きな原因は、きっと時間の使い方にあります。

一日のスケジュールを書き出してみたら、「何をしているのかよくわからない」時間が出てきませんでしたか？　いつも意識していないけれど、スマホを眺めてぼーっとして、そうして時間が過ぎていく。あなたは、そういった時間を無駄に過ごしています。宿題を本当に終わらせたいのであれば、この時間を減らすべきです。

勘違いして欲しくないのですが、「遊ぶな」と言っているわけではありません。遊びも立派な休憩です。毎日を健康に過ごす上では必須になります。ですから、自分が「この時間は遊ぼう」と決めた時間は、胸を張って遊べばいいのです。

しかし、「この時間は何をしているのかわからないけど、たぶん遊んでいる」時間。これがいけません。時間を過ごす目的がはっきりしないままで、だらだらと過ごしていることが、時間を無駄にする行為なのです。

これからは、一日のタイムスケジュールを作って過ごすようにしてみてください。もし事前に作ったスケジューリングがうまくいかなくても大丈夫。その場合は、計画を修正すればいいのです。何をすればいいのかわからない時間を減らすことが最優先です。常に「今はこれをする時間！」と言えるようなスケジュール管理を目指してください。

16 文系や理系の選択ってどうやって決めたらいいの？

高校生になると、大学進学のために文系や理系といった区分を決めることになります。簡単に言ってしまえば、文系を選ぶと国語や社会科目を重点的に勉強することになり、理系を選ぶと数学や理科科目を修めることになります。もちろん、文系を選んだから数学をまったくやらないとか、理系を選んだから国語をまったくやらないとか、そういうことではありません。あくまで、どちらに時間を多く割くかといった目安になります。また、英語は文理共通で、どちらに進んでも多くの時間を割いて勉強することになります。

まず、やってはいけない文理選択の選び方を紹介します。それは、「苦手科目のない方に逃げる」選び方です。例えば、自分は数学が苦手だから文系を選ぼうとか、社会が嫌だから理系を選ぼうといった選択をすると、後々後悔する可能性が高いです。いったん逃げたとしても、結局のところ、それらの科目は一生あなたを追ってくるのです。

数学から逃げて文系を選んだ場合を考えてみましょう。あなたはきっと大学の文系の学部に入ります。文系の学部には、社会学部、心理学部、経済学部などがありますね。ですが、残念ながらこれらのうちどれに入っても、多かれ少なかれ数学を使うことになります。なぜなら、文系の研究ではほぼ必ずと言ってよいほど、世の中に対してアンケートをとるからです。言葉遣いや社会習慣に関するアンケートを実施して、それらを回答してもらった後には、その回答が本当に信用できるかを検証する作業が入ります。この時、統計学と呼ばれる考え方を使って検証するのですが、残念ながら統計学では大量の数式を処理することになります。

このように、結局それらは大学で追いついてきます。ですから、苦手科目があるからやめることは避け、自分のなりたい職業や、行きたい学部などから逆算して文理を決めるとよいでしょう。医師になりたいなら理系ですし、弁護士になりたいなら文系に進むように、基本的には、将来のなりたい姿から逆算することをおすすめします。もしどうしても決められないのであれば、理系科目が得意なら理系、英語が得意だったら文系と決める方がよいかもしれません。理系入試では理系科目が、文系入試では英語が、それぞれ合否のカギを握る重要な科目になるためです。

17 大学受験を見据えた文系の選択科目の選び方

文系は、ほとんどの大学受験で国語、英語、社会が基本的な科目になります。特に国語と英語は文系理系を問わず、広く一般的に求められる基礎力を測るために課されます。これらの科日は、文理を問わず勉強するべきです。

その上で、文系に進学する場合には、歴史や地理、公民などの選択科目が重要です。大学受験において、どの科目が要求されているのかを確かめてください。特に歴史や地理などは、多くの大学で必須科目とされている場合があります。また、東大のように、複数科目を要求してくる大学もあります。

志望する大学や選考によっては、特定の科目を履修しておくことが求められる場合があります。例えば、法学部を目指すのであれば、倫理や政治経済を修めておくように言われるかもしれません。各大学の入学者選抜要項を確認して、必要な科目を履修するようにしておきましょう。

大学受験で勝つためには、得意な科目で高得点を取ることが重要です。自分が得意だと感じる科目をとにかく伸ばしておきましょう。理解を深めれば深めるほどに、総合的な得点の上昇につながります。

歴史科目に絞った場合、日本史と世界史のどちらを選ぶかはよく悩まれる問題です。これも志望する大学や学部によって必要な科目として指定されている場合がありますから、一概にはこちらがよいとは言えません。ですが、データとしては日本史選択の人の方が、平均点が高いようです。世界史選択の場合だと、小学校や中学校で習っていない場合がほとんどなので、基礎知識がないことがその理由として挙げられるでしょう。ある程度世界史に対する興味があったり、基礎知識があったりするのであれば、世界史を選べば有利に受験戦争を勝ち抜けるかもしれません。

いずれにせよ、必修科目である歴史総合で、近現代の日本と世界の関わりをしっかり理解しておくべきことは、言うまでもありません。

18

大学受験を見据えた理系の選択科目の選び方

理系は、ほとんどの大学受験で、数学、英語、理科、そして国語が基本的な科目になります。特に国語と英語は文系理系を問わず、広く一般的に求められる基礎力を測るために利用されます。これらの科目は、文理を問わず勉強するべきです。

その上で、理系に進学する場合には、物理や化学などの選択科目が重要です。大学受験において、どの科目が要求されているのかを確かめてください。志望する大学や選考によっては、特定の科目を履修しておくことが求められる場合があります。各大学の入学者選抜要項を確認して、必要な科目を履修するようにしておきましょう。

例えば、医学部では生物が必須になっていたり、理工学部では物理が必須になっていたりと、各大学で必須科目とされているものが異なる場合があります。また、東京大学のように、複数科目を要求してくる大学もあります。

大学受験で勝つためには、得意な科目で高得点を取ることが重要です。自分が得意だと感じる科目をとにかく伸ばしておきましょう。理解を深めれば深めるほどに、総合的な得点の上昇につながります。理系は理数科目で得点を稼ぐと合格につながりやすいケースが多くあります。理数科目が得意なのであれば、徹底的に理科数学の点数を伸ばしておくと、大学受験を有利に勝ち抜いていけるでしょう。

また、多くの理系の受験生は国語や英語をないがしろにしがちですが、これは大きな間違いです。理系の演習量が多くて大変なのはわかりますが、文系にせよ理系にせよ、特に英語はどちらの受験でも重要科目として立ちふさがってきます。英語が苦手なのであれば、最低でも受験者平均くらいまでは持っていけるように補強しておかないと、これが足を引っ張って不合格になる可能性もあります。格段に飛びぬけた理数科目の才能を持っているのならば話は別ですが、みなさんは英語もしっかり勉強するようにしてください。

また、高校の進学指導の先生や先輩、塾の先生などに相談するのもよいでしょう。大学のオープンキャンパスや進学説明会などで、具体的な情報を集めるのもおすすめです。

19 塾に行くべき？ 行かないべき？

「高校生になったら、塾に行った方がいいのかな」と思う人は多いのではないでしょうか。でも、塾に行くにしてもお金もかかるし、時間も要するので学校や部活動と両立できるかわからない、という迷いがある人もいるでしょう。ここでは、塾に行くべきかどうか考えるヒントをお話ししたいと思います。

まず大前提として、塾というのは、入れば成績が上がる魔法の施設というわけではありません。そこで何をするかによって、塾に行って効果が出るかどうかは分かれてきます。実のところ、塾に行ってもぜんぜん成績が上がらない人や希望した大学に合格できない人はいます。うまく活用できるかどうかは、自分次第なのです。

その上で、確かに「塾に行った方がいい可能性がある科目」というのもあります。例えば、国語は、聞かないと伸びないと言われています。みなさんも、国語の成績の上げ方に

ついてわかりますか？　何を勉強したらよいかわからない人が多いですよね。このように、「どうしたらいいかわからない科目に関して、教わりに行こう」というモチベーションを持つのはよいことだと思います。

また、勉強以外のモチベーションを持つのもよいと思います。例えば、「学校以外の人間関係を作るために塾に行く」のです。東大生は、受験生時代に、わざと学校から遠い塾に通っていたという人が多いです。その理由はなぜかわかりますか？　これは、近いところの塾だと、結局自分の学校の友達がいっぱいいて、その友達とばかりつるんでしまう可能性があるからです。遠くの塾であれば、まったく新しい人間関係を作り、新しい友達を作ることができるようになります。このタイプの人は元来ポジティブなはずなので、そうやって新しい人間関係を作ることは難しいことではないのです。「学校以外の人間関係を作るために塾に行く」のです。

中には、香川県から瀬戸大橋を渡って関西圏まで毎週塾に通っていたという学生もいました。すごい話ですね。でもそこまでやると、塾での人間関係が新鮮なものになり、新しい感覚で友達と仲良くなれたそうです。だから、「遠くまで行って、そのコミュニティに入ってみる」ということもモチベーションアップになるのではないでしょうか。

20 学力以外で身につけるべき力は？

学力以外で身につけたい力は幅広くあります。個人の成長や人間関係、職業生活で役に立つもので、総合的なスキルを構築することに貢献してくれます。

例えば、コミュニケーションスキルは欠かせません。他の人と効果的にコミュニケーションをとる力は、職場や社会生活を送る上で必要不可欠です。あなたは高校を出た後も社会に出て働いたり勉強を続けたりするわけですが、その際には、他の人との協力が必須になります。人間は一人だけで生きていくことはできませんから、どうしても他人やそのグループに協力を求めなくてはいけません。そのためにも、コミュニケーション能力は必須のものになります。明確な表現力、自分が何を考えているのか伝える伝達能力、相手の言っている内容を聞き取るリスニング能力、フィードバックの受け入れ能力などがここには含まれます。

チーム内での協力や協調性は、あってて困るものではありません。他のメンバーと、グループの目標に向けて協力できる力を学校で身につけましょう。

問題解決能力は複雑な状況や課題に対処するために必要なスキルのことを指します。社会に出てからみなさんが直面するのは、答えがない問いです。「直線LとMが交わる点の座標を求めろ」に対する答えは一つしか出てきませんが、「商品Aの売り上げを伸ばす方法を考えろ」に対する答えは無限に出てきます。そして、出てきた大量の答えのうち、どれもが正解にも不正解にもなりえるポテンシャルを持っています。柔軟性をもって創造的な解決策を見つける力が求められます。

そのために、情報を批判的に評価して自分の意見を形成する能力が求められることもあります。これを批判的思考力といいます。情報を客観的に分析し、その情報にどれほどの信頼がおけるのか。これを精査する必要も出てきます。

リーダーシップスキルも重要でしょう。他の人を導き、組織やチームを効果的に運営するための能力です。ビジョンを持ち、他者を鼓舞する力もこれに含まれます。

ここに挙げたような能力は、全て社会で生きていくために必要な能力です。学力だけではなく、様々な方面から自分を磨いてください。

知っ得情報②

有名私立大学のラベリングあれこれ

＊総称から「大学」は省略

主なラベリング	ラベリングされた大学の総称＊
早慶	早稲田、慶應義塾
SMART	上智、明治、青山学院、立教、東京理科
GMARCH	学習院、明治、青山学院、立教、中央、法政
日東駒専	日大、東洋、駒澤、専修
大東亜帝国	大東文化、東海、亜細亜、帝京、国士舘
関関同立	関西、関学、同志社、立命館

ABEMA Prime「MARCHはもう古い？ 難関私大の「序列」に変化…予備校の宣伝材料？ ラベリング目的」2024年2月27日　をもとに作成

受験生になると、有名私立大学の頭文字を取ってラベリングした呼び方を学校でも塾でも聞くことが増えますね。53、59ページにも「早慶」や「GMARCH」「関関同立」など登場しましたが、何の略語のことか最初はわからない人が多いと思いましたので、一覧表を作ってみました。

第3章

部活動、生徒会・委員会、学校行事強化

の章

部活動の選び方や勉強との両立のコツ、引退時期、部活動や生徒会・委員会で身につくこと、文化祭や運動会への取り組み、リーダーシップについてなど、毎日の学校活動を強化する経験値アップ術をお伝えします。

01 部活動の選び方は？

部活動の選び方にはいくつかの視点がありますが、まずは自分の興味関心があるものを選ぶことが一番でしょう。自分が好きなことをしていると、自然とモチベーションが上がってくるものです。逆に、自分の嫌いなことであれば、動機づけが薄まり、やる気もなくなってくるでしょう。部活動は課外活動であり、基本的にはあなたの義務ではありません。何をしたら自分が一番リラックスできるか、楽しめるか、などを一つの視点として選んでみるとよいかもしれません。

もしくは、その部活動の参加頻度を参考にしてもよいかもしれません。例えば、週に2回活動する部活動と、週に6回活動する部活動では、単純に参加頻度の面で見ても3倍の労力がかかることがわかります。学業と両立するためには、ある程度まとまった時間を勉強に充てないといけなくなるかもしれません。そのためには、週に何度も活動があると、勉

強にそれ以外の時間を充てる必要が出てきます。忙しい部活動に所属するのであれば、それなりの覚悟が必要なのです。

ただし、部活動に参加していないからといって、勝手に学力が身につくことなんてありません。結局は自分で勉強の時間を確保しなくてはいけませんから、勉強する時間を作れるかどうか、スケジュール管理ができるか否かで判断してもよいでしょう。自分がスケジュール管理に自信があるのであれば、忙しい部活動に入ったとしてもある程度まとまった自由時間や勉強の時間をとることは可能でしょうし、そうでないのであれば、忙しすぎる部活動に入ると、あなたの生活は少し大変になるかもしれません。

友達と同じ部活動に入るのもおすすめです。高校の活動の半分以上を占める部活動は、親しい友達や仲間を作りやすい環境にあります。積極的に友達を作りたいなら、活動が盛んな部活動に入るのも一つの手でしょう。

また、「新たに部を作ってもよい」ということも覚えておいてください。私（萩原）の学校でも近年、e-スポーツ部が誕生しました。このように、新しい時代には新しい部活動が生まれていくものです。もし、今ある部活動の中に自分のやりたいことがないなら、みなさんもぜひ、自分がやりたい活動の部を作ってみてくださいね。

02 部活動を頑張ると何が身につくの？

高校時代に部活動で打ち込んだことを、卒業した後も続ける人というのはとても稀だと思います。例えば、高校時代に野球部でプレーしていた人が、大学に入ってからも野球部に入部したり、大学を卒業してからも社会人の野球チームに入るというケースはほとんどないのではないでしょうか。もちろん、野球選手になりたい、という人もいるかもしれませんが、それもきっと少数派だと思います。

「ずっと続けていくわけでもないのに、部活動に対して本気で取り組んでも、意味がないのでは？」と考えてしまう人も多いのではないでしょうか。

でも、実はその部活動の内容（野球やサッカー、吹奏楽など）自体を続けなかったとしても、部活動で行ったことの「続き」を、大人になって社会に出てからも、実践したり活かすことができるのです。

まず、運動部だった場合は体力がつきますよね。培った体力は、受験勉強の際にも役立ちますし、大学生活や社会人生活を送る中でも活かせるでしょうし、やがて年齢を重ねてシニア世代になってからも基礎体力や筋力によい影響があるかもしれません。

さらに、文化部の場合でも、家庭科部なら手先の器用さが養われるかもしれませんし、美術部だったらデザインセンスが磨かれるかもしれませんし、囲碁や将棋をする場合は戦略的な思考力がアップするかもしれません。いろいろな能力が身についていくわけです。

そしてもう一つ、忘れてはいけない「部活動に入ると身につく能力」があります。その能力は、文化部でも運動部でも、関係なく身につけることができます。みなさんは、それが何だかわかりますか？

それは、協調性です。チームワークや協調性といった、他人と協同して何かを作っていく力は、授業やクラスの活動ではなかなか身につけるのが難しいです。しかし部活動では、協調性が培われます。

社会性や礼儀作法を身につけることは、将来絶対に役に立ちます。数学や英語ができなかったとしても、挨拶が全然できないなど礼儀知らずの人に比べたら、よほど世間では評価されます。

部活動は、いろいろな人と行わなければなりません。熱意の差がある場合もあります。例えば、Aさんは「バレー部に入るからには全国大会を目指したい」と言っています。一方で、Bさんは「バレーが好きなので、楽しくプレーできれば勝てなくてもいい」という考え方です。こういう状況はどんな部活動でも想像しやすく、また起こりやすい状況で、このように意見が割れると運営はなかなか難しいものです。一方は「朝練をやりたい」、もう一方は「練習は夕方だけ軽くやればいいんだ」と言っている。このようなことはよく起こることなのです。

大変なことではありますが、こうした中でどのように部活動を運営していくかをみんなで考えることで、コミュニケーション能力が身についていきます。このような状況で、「部活動の方向性を先生に決めてもらおう」と考えるのは、あまり得策ではないかもしれません。あくまで自分たちの問題なので、生徒たちで話し合った上で結論を出して、「先生、こうすることになりました！」と報告だけするのでもよいのではないでしょうか。

高校生である今は揉めたとしても先生や保護者がいるので手助けしてもらえますが、社会に出て揉めたら、弁護士に出てきてもらわなければならない場合もあります。ですから、社会に出るまでの予習と思って、大変かもしれませんが、自分たちで結論を出してみましょう。その経験が案外、大人になったら活かせるものです。それに、受験の時は、総合型選抜でそのような部活動での経験を評価してもらえるケースもあります。

いろいろと部活動の効能をお話ししましたが、最後に私個人の意見を述べたいと思います。私（萩原）は、部活動というのは一つの教科だと思っています。英語や国語と並んで、いろいろな能力を身につけるための「教科」の一つ。みなさんにもそう捉えていただき、部活動にしっかり取り組んでもらえればと思います。

03 部活動と勉強の両立、どうしたらいい？

「部活動と勉強の両立ができません！」「部活動も頑張りたいけれど、大学受験に響いたらどうしよう」という悩みを持つ高校生はとても多いです。たしかに、部活動をやりながら勉強の時間も確保することは非常に大変ですし、例えば「東大に合格したい」「医学部に行きたい」と困難な目標を持っているような人であれば、部活動に充てる時間は抑え目にしないと受からないのではないかと考える気持ちもわかります。

しかし、部活動をやっているみなさんに一つ朗報なのですが、東大には、部活動をやりながら合格した人間も数多く存在しています。なんなら高校3年生の夏までずっと部活漬けで、そこから半年間の受験勉強で合格したという学生だって多いのです。いったい何でそんなことが可能なのでしょうか？

そもそも部活動というのは、受験や勉強にとってよい効果があります。難関大学に合格した学生に「部活動をやっておいてプラスになったことってある？」と聞いたところ、多くの人が「いやいや、プラスだらけだよ？」と答えていました。

まずは、運動系の部活動なら「体力」がつきます。何時間も勉強したり、机に向かうというのはそれだけで結構な大変さがあるものです。それが、部活動を本気でやっていれば疲れにくく、どんどん勉強できるようになるわけです。部活動が終わった瞬間からぐーんと成績が上がる学生も多いのですが、それはこの勉強に臨むために必要となる体力がついているからだと解釈できます。

さらに、運動部でも文化部でも、「集中力」を養成することができます。一つのことを極めている人間というのは、集中して一気に何かに打ち込む能力も高いものです。一つのことを頑張っているからこそ、一つのことに集中して打ち込むのは得意になっているわけです。だからこそ、他の人と比べてスタートが遅くても、時間的なディスアドバンテージ（不利）を乗り越えて、一気に成績を上げることができるようになっているというわけです。

そして、忍耐力を身につけることができます。まあ、言ってしまえば「根性」です。すごい暴論を言ってしまえば、実は成績なんて「やれば上がります」。適切な努力を適切な分量をやれば、成績が上がらないわけがない。勉強というのはそういうものです。つまりは、根性でどうにかできる部分というのが多分に存在しているのです。

効率的に勉強するとか、そういうことは大切で、すごく必要な技能ではあるのですが、その反面、計算のスピードや英単語や漢字、年号、理科社会の暗記すべき項目といった基礎的で丸暗記で対応すべきものというのは結構存在しています。それはもう、机に向かって覚えるしかないのです。

そう考えた時に、必要になってくるのは「根性」です。とにかく気合いで何とかする、そういう「ガッツ」でどうにかなってしまうことも多いのです。そしてそういう項目は、部活動をやっている人間というのは非常に強いのです。いかがでしょうか？　「体力」「集中力」「根性（ガッツ）」、受験において大切になってくるいろいろな能力を、部活動で養成することができるのです。そんな部活動を辞めてしまうのは、ちょっともったいないと思いませんか？

さて、これで部活動を続けることのメリットに関しては納得してもらえたと思います。部活動を続けていれば、部活動が終わった後から追い上げられる可能性が高い、と。

しかし、部活動を「今」頑張っていて、勉強時間がなかなか取れない人はどうすればよいのでしょうか？

私（萩原）のおすすめとしては、「とりあえず、1日1時間は勉強する」というものです。どんなに忙しくても、毎日1時間、週7時間は必ず確保しておくということです。そして、1時間で全てを終わらせる努力をしましょう。

別に、部活動をやっていて勉強時間が少ないからといってディスアドバンテージにはなりません。難関大学に高校3年生の夏までずっと部活動をしながら合格したという人はザラにいます。もし勉強時間で勝負が全て決まるなら、浪人生はみんな合格していますよね。でも浪人生は事実として合格しやすいかどうかというと、現役生と同じくらいの合格率と言われています。時間は、成績を高めてはくれないのです。

逆に今、部活動を辞めて勉強に専念したとして、みなさんは多分、勉強できません。よく、「受験勉強のために、部活動を辞めた方がいいですか？」という質問をされる場合があります。例えば、「受験で医学部に進学したいけれど、成績が伸び悩んでいる。そうなると、今やっている部活動は、高校2年生の間に辞めてしまって、塾に通うなり自習するなりした方がいいでしょうか？」と。

でも、結局そんなふうに考えて「部活動を辞めて頑張ろう」としている人というのは、うまくいかない場合が多いです。部活動を辞めて時間ができたはずなのに、蓋を開けてみれば、なんだか勉強のモチベーション自体も下がって、「勉強できる時間が増えたんだから、きちんとできるのではないか」というのは幻想です。多くの場合、そうやって部活動をやめた人間というのは、成績が伸び悩みます。これは、多くの学校の先生とお話しして共通した見解です。部活動を辞めずに、勉強を頑張る。そのために必要なのが何かというと、「1時間の効率を上げる」というものです。1時間で全ての勉強を終わらせるためには何をすればいいか、自分で必死に考えてみるのです。時間がある人はそんなことはしませんし、できません。1時間の重みがわからないからです。

これは現代文の講師で有名な林修先生が言っていたことなのですが、実は忙しい人の1時間と忙しくない人の1時間というのは時間の流れ方が違います。1時間が貴重な人にとっての1時間は長く、貴重ではない人の1時間というのはすごく短いです。時間が有り余っているからこそ1時間を大切にしようという意識が薄い人もいますし、逆に時間がない人はそこで「いやいや、この1時間をどう過ごすかが大切だ。せっかくの1時間なんだから、大切に使わないと」という気になります。

部活動をやっているみなさんと、そうではない人の話に戻しましょう。帰宅部の中で特に予定がない人は、たくさん時間がある分、「この1時間を有効活用しないと!」という意識は部活動が忙しい人よりも少ないはずです（もちろん、帰宅部の人でも忙しい人はいるでしょうし、時間を有効活用している人もいると思います）。逆にみなさんは、部活動で頑張っているからこそ、1時間がいかに貴重な時間なのかを知っている人たちです。その重大な1時間を上手く使うというのは、時間のないみなさんだからこそできるはずです。時間の使い方次第で、部活動と勉強は両立できるケースが多いのです。ぜひ、「1時間」の一番よい使い方を考えてみましょう。

04 部活動の引退時期はいつ頃がいいの？

一般的に、部活動の引退時期は、各部によって決まっています。また、学校の方針によって決まっていることも少なくありません。ですから、ここでは一般的な部活動の引退時期についてではなく、自主的に引退を決めるか否かについての判断基準について記していきたいと思います。

まず、重要なファクターになるのは学業を優先するべきかという点です。高校生活、ひいては大学受験をする上で最も大切なのは、やはり学業です。大学受験や、それに準じる大切な学習イベントが近づいていて、それに専念したいのであれば、一時的にでも部活動を休んで勉強に専念することが大切になるかもしれません。

もしくは、進路や志望校に合わせてみてもよいでしょう。東京大学や早稲田大学、慶應義塾大学などの合格に照準を合わせた場合、一般的には3000〜4000時間ほどの勉強時間が必要であるといわれています。そのためにいつから準備をするかが重要ですが、今のままでは十分な時間を確保できないと判断したのであれば、部活動を引退して勉強に専念してもよいでしょう。

部活動によっては、年間行事や各都道府県内の大会、全国大会などの競技のピークがあることもあります。それらを迎えた後に引退することで、充実感を味わいつつ、後輩たちに惜しまれながら引退できる可能性があります。

引退時期を選ぶのであれば、次世代のメンバーのことも考えましょう。自分たちが抜けた後に、その穴を誰が埋めるのか。しっかり必要事項を引き継いだ上で、部の運営を任せないと、混乱を招く可能性があります。

自分の体力やモチベーションが低下してきたり、もしくはケガなどによって続けるのが難しくなったりしてしまったのであれば、引退を余儀なくされるかもしれません。悲しい理由ではありますが、続けるのが物理的に不可能になったのであれば、それは引退時期であるといえるかもしれません。その場合は、別のことに挑戦するためのチャンスだとポジティブに解釈し、前向きな方向へと切り替えましょう。

05

生徒会執行部に入ろう

生徒会は、どの学校にも存在するものです。でも、多くの人はその定義を間違って理解しています。みなさんは、「生徒会」って誰が所属していると思いますか？　選挙で選ばれた人が生徒会の人だと思っていませんか？　実はそれは間違っています。生徒会は、学校の生徒全員が所属する組織です。選挙で選ばれた生徒会役員たちは、「生徒会執行部」という組織で、生徒会を動かすリーダーたちになります。と言うことは、高校に入った時点で、みなさんは生徒会なのです。

その上で、生徒会というのは自分のことを大きく成長させてくれる場になると思います。生徒会に入って、行事の運営をしたり、学校の何かを大きく変えたりするために行動すると、人間的にも自信がつきますし、成長することができます。先生方に自分たちの意見をぶつけて、「こういうことがしたい」という要望をぶつけられる場というのは生徒会を除いて他にあまりないと思います。

学校は、生徒と先生で一緒に作るものです。ですから、生徒たちもどんどん先生に「こんなことをやりたい」と伝えてもよいのです。それに対して、味方になってくれない先生もいるかもしれませんが、きっとどの学校にも、味方になってくれる先生がいるはずです。

ちなみに、私（萩原）たちの高校では、生徒総会で「アイスクリームの自動販売機を入れてほしい」という提案があり、校長先生はそれを直ちに認めて導入することになりました。その生徒総会での意見がなかったら、きっとアイスクリームの自動販売機なんて導入されなかったと思います。このように、生徒の意見をまとめて先生に提案する経験が社会に出て役に立つ生徒もいるだろうと思いますし、きっとそうした高校生活の方が達成感を得られるのかなと思います。

だからなのか、生徒会執行部が元気な学校は、いきいきとしていて、うまく物事が回る場合が多いです。私の学校でも、生徒会が校長先生に「こういうことがしたい！」とプレゼンした学年は、進学実績もすごくよくなって、将来活躍する人たちが多かったということもありました。それくらい、生徒会の力というのは絶大だと思います。みなさんぜひ積極的に参加してみてください。

06 リーダーになろう

委員会活動や部活動・生徒会執行部に所属するにあたって、一つみなさんにアドバイスをさせてください。それは、「リーダーになってみよう」ということです。今の時代、リーダーシップを持って物事に取り組んだ人かどうかは、大学受験でも就活でもとても重要視されます。社会に出る時の必須スキルとして「リーダーシップ」は存在しているのです。

その上で、リーダーになるということは、多くの人と関わって、多くの人から「注目される」ということでもあります。この、注目されるということには大きな効果があるのです。

みなさんは優等生になるプロセスって知っていますか？　優等生というのは、周りから「優等生である」と思われて優等生になっていく例が多いんです。

例えば高校1年生の時期に学年1位になるくらいよい成績を取ったら、割と次のテストとかでも頑張ろうという意識が働くわけです。だから優等生というのは、優等生だと周りから思われて、思われるから期待に応えられるように優等生になり、そしてもっと優等生になっていく、ということが起こるのです。

このように、人間は、見られているうちにどんどん「見られている人間」になっていきます。親御さんが思う自分に、先生が理想とする生徒に、周りの友達が望む人間に、なっていくことって結構あるのです。朱に交われば赤くなるとは言いますが、周りの人の存在が、その人にも影響を与えることっていうのは本当に多いのです。

だからこそ、自分のことを注目される立場にあえておくというのは、とても重要なことです。毎年、私（萩原）の生徒たちを見ていると、部活動や生徒会・委員会活動を頑張ったリーダーほど、志望大学に合格しています。そういう生徒は、人より忙しかったはずなのに、なぜか最終的にはうまくいくんですよね。ですからみなさんも、活動するからには何らかのリーダーになってみましょう。今まで引っ込み思案だったとしても、意外と役割は果たせるものです。部活動や委員会の中でも、部長になったり委員長になったりしようとするのはもちろんのこと、それ以外にも部活動の仕事の一部の責任者になってみたり、新しくリーダーシップを発揮する仕事を自分で作ってみてもよいでしょう。

07 文化祭や運動会に本気で取り組み挑戦しよう

文化祭や運動会に対して、みなさんはどのようなイメージを持っているでしょうか？　あんまり気乗りしないという人もいると思いますし、クラス対抗の戦いに対して「そんなことで勝っても何の意味もないじゃないか」と考える人もいるかもしれません。でも、実は文化祭や運動会に対して本気になっている人ほど、難関大学に合格しやすいというデータがあります。

例えば全国屈指の名門校で、将来活躍する人材もとても多い開成高校や麻布高校などの超有名進学校は、どこも運動会が大人気で、受験を控えた高校3年生も本気で運動会に挑み、本気で喜んだり本気で泣いたりすることが恒例なのだとか。そして、それらの高校の先生曰く、「本気で勝ち負けに拘っている高校3年生ほど、受験で東大をはじめとする難関大学に合格できる場合が多い」のだそうです。負けず嫌いで、何事においても本気で取り組む人ほど、成功しやすいです。

例えば東大生も同じ傾向が見られる人が多いそうです。何事においても負けず嫌いで、勉強以外のことでも本気で取り組む。「勉強ができるんだから、別にそれ以外のところでそんなに熱くなることないんじゃない？」と思うかもしれませんが、高校時代に、学内のスポーツ大会や部活動や文化祭といった勉強以外のちょっとした行事に本気で取り組んで、本気で悔しがっていたそうです。そういう人の方が、勉強でもうまくいくのだそうです。

別に彼ら彼女らは、勝つのが好きなのではありません。勝負というのが自己の成長に繋がるから、本気で挑んでいるに過ぎないのです。

「精神的に向上心のないものは馬鹿だ」とは、夏目漱石の『こころ』に出てくるセリフですが、まさにこの言葉通り、「負けず嫌い」であることは、成功・成長の大きな要因になるのです。

その上で、みなさんにおすすめしたいのは、いろいろな行事で積極的に企画を立てることです。文化祭での出し物で、自分が本気で面白いと思うことをやってみる。運動会でも、自分で競技を考えたりしてみる。表舞台に出なくとも、裏方として音響や照明にこだわったり、舞台美術を手掛けたりする。そういう姿勢がある方が、いろいろな行事は楽しむことができます。それに、総合型選抜での受験を考えている人にとっても、ここで何か新しいことをやった経験や挑戦した経験は、評価してもらえることが多いです。

文化祭・運動会・合唱コンクールなどは、終わった後に達成感を持てるくらいに、自分からいろいろなことに挑戦してもらいたいと思います。高校生で失敗なんて、私（萩原）は正直「ない」と思います。社会に出ると責任を取らなくちゃいけないことが出てきますが、まだ学生の時は、失敗じゃなくてよい経験になります。

そして、その経験を繰り返した人ほど、センスがよくなったり勘がよい人になったりすると思います。逆に言えば、多くの経験・体験をした人じゃないとセンスがよくなりません。高校大学はそれができる期間だから、進学や勉強だけではなく、そういう部分を高校時代に学んで欲しいと思います。積極的に恥をかいて、積極的に失敗して、うまくいかないことも楽しめるようになりましょう。人生は長いですから、一度も何の失敗もせずに大人になることは絶対にあり得ません。だからこそ高校時代のいろいろな行事で、体験・経験をすることが必要だと言えると思います。

ぜひ、指示されたことをやるだけの行事ではなく、自分で大人を動かすくらいの行事にするつもりで、頑張ってみてください。

ちなみに、部活動や委員会、学校行事と似たようなイベントは、大学に入ってからも、社会に出てからも存在します。例えば大学生の文化祭は、高校までの文化祭よりも規模が大きく、ミュージシャンやお笑い芸人を呼ぶ大掛かりなステージを企画したり、テレビ番組の取材が入ってその対応をすることもあります。

社会人になっても同じです。スポーツのクラブチームや部活動、委員会がある会社もあります。また、会社の本業以外の業務もあります。社内向けや社外向け問わず様々なイベントがあるので、例えば忘年会で出し物をしなければならないこともあるでしょう。そして、幹事になった際には、主催者として様々な調整を行う必要もあります。労働組合の業務がある会社もあります。やがて親になり、子どもが小中学生になったらPTAの業務もあるでしょう。

このように、高校生活でやってきたようなことが、社会に出てからもやることになる場合もあるのです。ですから、部活動も委員会も学校行事も、社会に出る前の準備として取り組んでみてはいかがでしょうか？

読書のすすめ
——どんな本を選んだらいい？

高校生活でぜひ取り入れて欲しい習慣が「読書」です。僕（西岡）自身、高校時代はライトノベルや漫画を読むことが多かったのですが、浪人時代に東大の入試問題をくわしく分析したことをきっかけに読書に目覚め、様々な本を読むようになりました。そのおかげで「考える力」が身についたのです。

しかし、世の中にはたくさんの本があり、どんな本を選ぶべきか悩みますよね。そこで僕がおすすめする「本の選び方」を紹介します。

まず、「自分が得るものが多い本を選ぶ」ことが最も大切です。それはつまり、「その時の自分に合った本を選ばなければならない」ということ。そのためには、「自分には今、どんな本が必要で、どんな本を読めば知識が多く得られるのか、考える力が身につくのか」を考えるのがポイントです。

第4章

青春の悩みを解決！メンタルヘルス強化の章

友達や親、SNSでの人間関係、怒りのマネージメント法、心が傷ついた時のケア法、SNSとの付き合い方、本当の自分が出せない時、学校に行けない時など、心の健康を強化し生きづらい10代の心を救う処方箋をお出しします。

01 人間関係で悩んだら、アサーションを意識する

私（萩原）が、人間関係で困っている高校生におすすめする本として、『アサーション入門　自分も相手も大切にする自己表現法』（平木典子著、講談社）というものがあります。アサーションとは何かというと、「人は誰でも自分の意見や要求を表明する権利がある」という考え方のもとで、相手の意見も尊重しつつ自分の意見を言うコミュニケーションの型のことを指します。

自分が意見を言えないのも間違っているし、相手の意見を言わせないようなコミュニケーションも間違っている。必要なのは、自分の意見も言いつつ、相手のことも尊重するコミュニケーションです。

この本では、この前提のもとで、どうすればそういったコミュニケーションが可能になるのか、というきちんとした型を提示してくれます。なんだか会話の中でもやもやするこ

とがあるのは、自分の意見が相手を傷つけてしまっていないかと考えたり、相手が自分の意見を言えていないのではないかと気にしてしまうからです。そんな場合は、アサーションを意識してみるといいと思います。どう意識するかというと、相手にも意見が言いやすい形で会話をしたり、自分の意見を正しく伝える訓練・型をインストールすればよいのです。

では、具体的なアサーションの方法を3つ、ご紹介したいと思います。

1. 主語を「自分」にする

アイメッセージと呼ばれる考え方ですが、「主語を『自分』にすると、感情を伝えやすい」というものがあります。例えば、友達と遊びに行く時に相手が遅刻してきてしまうかもしれません。そんな時、相手に対して「なんで遅刻したんだ!」と怒ってしまうと、傷つけてしまうかもしれませんよね。でも、だからといって気にしているのに「気にしていないよ」と言うのもあなたの感情をあまり重視できていないですよね。そんな時には、「私」を主語にして、「自分はあなたが遅刻してきて悲しい」というように、自分を主語にする方が、相手に自分の意見を伝えやすいわけです。

2. 相手の話を断る時には代替案をセットにして話す

友達から「この日空いている？」と聞かれた時に、みなさんはどのように返事をするでしょうか？　一緒に遊びに行きたいけれど、その日は前から入っていた予定がある時に、どんなふうに断れば相手を傷つけないでしょう？

おすすめなのは、ただ「ごめんね！」と言うのではなく、代替案をセットにすることです。これもアサーションの一種なのですが、ただ断るのではなく、「その代わりにこの日だったら空いてるよ！」と、違う案を提示するのです。こうするだけで、相手との会話が円滑に進んでいきます。

3　DESC法を使う

最後は、DESC法です。DESC法とは、Describe（描写）・Explain（表現）・Specify（提案）・Choose（選択）の頭文字からなる言葉で、4つの段階に分けて自分の気持ちを伝えるコミュニケーションスキルです。

例えば部活動において、「資料にミスがあったから気をつけてね」だけだと、なかなか伝えたいことが伝わりません。でも、「○○さん、期限内に資料を提出してくれてありがとう! ところで、一部資料に間違いがあったので、自分の説明が足りていなかったのは申し訳なかったけれど、ミスをしてしまうとチームのみんなや対戦相手に迷惑がかかるかもしれないから、次回は期限の1日前に提出してもらえたら、こっちでもチェックができるよ。もしそれが難しければ、別の人にチェックしてもらっても問題ないからね」

という言い方だったら伝わりやすく、印象もよいですよね。

後者の気持ちのよい伝え方では「現状の描写」がまず行われています。「期限内に資料を提出してくれた、一部資料に間違いがあった」と描写します。次に、「自分の説明が足りていなかったのは申し訳なかったけれど、ミスをしてしまうと先方に迷惑がかかるかもしれない」とその中身を表現します。そして、「提案」をします。「次回は期限の1日前に提出してもらえたら、こっちでもチェックができるよ」というように、「次はこうするべきだ」という部分が提案に該当します。最後に、「もしそれが難しければ、別の人にチェックしてもらっても問題ないからね」と、もしその提案が受け入れられなかった時の「代替案・選択肢」を提示します。これらが全て揃っていると、相手も話を受け入れやすくなるのです。

アサーションは、こんなふうに明日から使える会話の型が満載です。ぜひ勉強してみてください。

02 友達関係で悩んだらどうすればいい？

高校生活は、中学生時代より世界が広がり、いろいろな人と関わったり話すことになるので、友達関係で悩むこともあると思います。実際それで不登校になってしまったり、自分の命を断とうと考える人もいるかもしれません。深刻な状況になる前に、友人関係で悩んでいる時には、いろいろな対処方法があることをあらかじめ知っておきましょう。

まず、問題の原因を明確にすることが挙げられます。あなたとあなたの友人はどんな問題を抱えているのでしょうか？　何があなたの、もしくは友人の悩みのタネになっているのでしょうか？

コミュニケーション不足、誤解、感情や性格の不一致など様々な問題の要因がありますが、どれに当たるのかを明確にすることが重要です。問題の種類がわかれば、どのように問題を解決していくかが明瞭になるのです。

オープンなコミュニケーションをとることも重要でしょう。友達との問題は、率直なコミュニケーションが解決の第一歩になります。自分が何を感じているのか、何を考えているのか。思っているだけでは相手に伝わることはありません。感情の不一致を解消したり、誤解を解いたりするためには「察してくれよ」と考えるのは間違いです。そうではなくて、自分から相手に一から十まで説明する態度が重要になります。

また、一度冷静になってみるのもよいでしょう。感情が高ぶっている時にコミュニケーションを行うと、どうしても態度や言葉が荒れやすくなってしまいます。荒れた言葉遣いや荒んだ態度からは、相手に対して理解を求めることができません。むしろ、新たなる誤解やディスコミュニケーションを生んでしまうでしょう。ですから、自分が冷静でないと自覚した上で、距離をとり、相手の言葉を理解しようとする態度が重要になります。

相手の立場や状況を理解することも有効です。相手がなぜそのような選択をしたのか、そのような態度をとったのか、相手の置かれている立場から状況を理解しようとすることによって、新たな視点が得られるかもしれません。相手に対する理解を深めるためには、多角的な視点からの検証が必要になります。

03

友達と仲良くなれる会話の法則

友達に、自分の話を聞いてもらいたい時ってありますよね。なにか辛いことがあって共感して欲しいことがあったり、逆に面白いことがあって話したい何かがあったり。

そんな時は、逆説的に聞こえるかもしれませんが、「相手の話を聞いてあげる」のが一番です。自分の話をするために、相手の話を聞くのです。23ページでもお話ししましたが、「返報性の法則」という「もらったものは返さなければならない」と感じてしまう法則があります。試食品を無料でもらった時に、なんとなく罪悪感が湧いて「こちらも何かお返ししたほうがいいのではないか?」と思う人もいるでしょう。同じように、人間は何かをもらったらお返ししたくなる精神性があるのです。これを利用すると、相手から欲しい情報を得たり、自分の語りたいことを語れたりすることがあるのです。

例えば友達の趣味は何か知りたい時に、「趣味は何?」とストレートに聞いても「ええと

……読書ですかね」と硬い回答になってしまいがちです。または、自分が相手に聞いて欲しい話がある時に「今こういうことで悩んでいるんだ」と話しても、「そうなんだ……」と流されてしまうことがあるでしょう。このような時に、この「返報性の法則」を使ってみましょう。

趣味の話でいえば、「自分は最近こういうアニメにハマっているんだよね。漫画とかアニメって観る？」と尋ねてみるのです。すると、「あ、自分はこういう漫画が好きで……」とより具体的に踏み込んだ回答が返ってきやすくなります。自分が自己開示する時に、友達に聞きたいことを混ぜておくと、相手も自己開示してくれやすくなるのです。

例えば、自分が相手に勉強で聞いて欲しい話があるのであれば、「数学の宿題どう？　終わった？」と相手に聞いてみましょう。そうすると、「ああ、まだ終わってないんだよね。ここまでしかできなくて」と相手が話してくれるはずです。そのタイミングで、「わかるー。自分もここでつまずいててさー」と、自然と自分の話ができるようになります。

これをうまく織り交ぜて、相手の話も聞き、自分の話もしている状態を心がけてみましょう。お互いがコミュニケーションを取れば、自分だけが一方的に聞いてもらうだけではないため、相手も積極的に話を聞いてくれやすくなります。ぜひ試してみてください！

04 友達に怒りたい時の上手な伝え方

クラスメイトや友達に対して、怒りたい時ってありますよね。「文化祭のシフトをすっぽかされた！」とか「言わないでって言ったことを○○ちゃんにばらした！　最悪！」というように……。さて、このように怒りを伝える時には、１３７ページで紹介した「アイメッセージ」という考え方を適用することが一番です。

例えば、「なんで遅刻したんだ！」「遅刻するなんて最悪！」といった場合、これは「社会規範に照らして怒っている」ことになります。社会のルールでそうなっているのだから、それを守れ、と言っているだけになってしまいます。それだと、あまり相手に対して怒りって伝わらないんですよね。

みなさんだって、気乗りしない文化祭で「文化祭の練習があるから、文化祭の1時間前に来てね！　ルールだから！」と言われて、59分前に来て「どうして遅れたんだ！」と言われても「え、別によくない?」「そんなに怒るようなこと?」と思ってしまうことでしょう。それと同じように、社会規範やルールだけが理由なら、「え、別に遅刻したってよくない?」「そんなに怒るようなこと?」と感じてしまうものです。「社会のルールでそうなっているんだから」というのは、相手に伝わらないことの方が多いわけですね。

こういう時に気をつけたいポイントは、「自分は、あなたが遅刻してきたことで、こういう不利益を被ったんだよ」と伝えることです。社会規範としてのルールで怒るのではなく、単純に自分がマイナスを被ったのだと伝えることで、「それは申し訳ない。今度から気をつけなくちゃ」と考えてもらえるはずです。

例えば、ただ遅刻を責めるのではなく、「あなたが文化祭に遅刻してきたから、遅刻してきた30分の分も私が働かなくてはならなくなり、約束していた友達のお店に行けなくて怒られちゃったんだよ」と、自分がどのようにマイナスを被ったのかをしっかり明確にするとよいでしょう。

05 友達や先輩後輩を怒らせた時の対処法

　怒っている相手への対応って、とても難しいですよね。自分にも言い分があるので、下手に平謝りしたくはないこともあるでしょう。それに、「ええ、そんなことで怒る？　私だって大変なんだよ〜」と思ってしまうこともありますよね。それに、ただ「ごめん」と言っても、相手からしたら「ただ謝っているだけで、何が悪かったかわかってない！」と思われてしまうかもしれません。

　そんな時におすすめなのは、相手の立場に立って話すというコミュニケーションです。

　例えば友達から「△△さんは返事が遅い！　全然連絡が取れなくて困るんだよ！」と言われたとします。この時に、「そうだよね、（○○くんの立場からしたら）連絡がないと不安だよね。ごめん、気をつけるね！」と言うのです。「あなた（○○くん）の立場」を仮想して、その状況の中で自分の過失のポイントがどこにあるのかを明確にするのです。

逆によくないのは、「ちょっと家庭の事情が立て込んでて……」と、ただ自分の言い訳だけを言うことです。友達や先輩後輩の立場から見れば、相手が自分の事情だけを押し付けてきたようにしか感じられないでしょう。自分の立場ではなく、相手の立場を強調するような謝罪の仕方をすることが肝心です。

このように、相手の立場に立ったコミュニケーションを取ることを、心理学の世界では視点取得（perspective taking）といいます。そしてこのコミュニケーションを取っている人は、共感されやすいというデータも出ています。共感とは「共に感じる」という意味ですから、相手の立場を感じるようなコミュニケーションを取れば共感できるというのは、当然といえば当然の話ですね。

もう一段階上のテクニックとして、「○○くんの立場からしたら」と言った後で、「でも、自分の立場もあって」と続けるという方法があります。きちんと相手の立場に立った上で、相手にこちらの立場に立つことを求めるのです。これは23、142ページでお話しした「返報性の法則」を利用したテクニックで、「自分もやっているんだから、君もやってくれるよね」とコミュニケーションを取れるわけですね。こうすればきっと、「△△さんも大変だったんだよね、自分だけ気持ちを押し付けてごめんね」と言ってくれるはずです。

06 親と考え方が合わない

高校生は、「親や自分の家族の価値観」と「自分や周りの価値観」を、いい意味で戦わせてもらいたい時期だと思います。高校に通い始めると「今までこうやって育てられてきたけど、それって違うんじゃないかな」というように、気が付くことが出てきます。なぜなら、学区がなくなり、広いエリアから色んな人が通ってくるからです。

小学校・中学校は近い環境に住んでいる児童・生徒が集まります。しかし、高校になると、電車やバスで登校する生徒が多くなり、行動範囲や人間関係が広がっていきます。私（萩原）たちの学校では、なんと新幹線に乗って登校する生徒もいます。そうなると、「こっちは晴れているのに、あっちは雪が降っている」というくらい、全然価値観も異なる人が集まってくるのです。

ですからみなさんは、高校生になるタイミングで、価値観の異なる友達を作ることになるのです。今まで「お金持ちになりたいなぁ」って思っていた生徒が、「お金なんてどうでもいいから他の人を楽しませるのがいいなあ」って思っている生徒と出会ったり、そういう価値観のぶつかり合いが高校時代にはあるのです。

そうなると見えてくるのが、「自分の価値観が、どれだけ親に依存していたのか」ということです。例えば親が苦手とするもののほとんどは、子どもに引き継がれていきます。小・中学生までは、親の価値観が自分の価値観の大部分を占めている場合が多いです。でも、高校に上がると、そうではなくなります。自分の家庭のルールが、友達の家庭のルールとは全然違う、ということはよくある話です。その時に考えなければならないのは、どちらが正しいというのではなく、「自分はどうするか」です。親の価値観に合わせる部分があってよいですし、そうではないところも、もちろんあってよいのです。

特に進路に関しては、自分で考えてもらいたいと思います。生徒の進路相談に乗っている時によく言われるのが、「そういうことは、親も交えて話させてください」ということです。「親を交えて、っていったって、君の人生じゃないの?」と返すと、「親が納得しないと、自分には判断できないです」と言うのです。もちろん親御さんを大切にするのは大事なことです。でも、大前提として、あなたは自分の人生を生きなければならないのです。

07 何気ない一言で心が傷ついた時

高校生活を送っていると、ちょっとした友達や先生・親御さんの一言が心にグサッと刺さって傷ついてしまうことがあると思います。例えば、友達から「きみってあまり人の気持ちがわからないよね～」とか、クラスメイトから「あなたっていつもお気楽で気遣いできないもんね」とか、先輩から「今どきそんなミスは小学生でもしないよ」とか、ちょっとした一言が心に刺さってしまって抜けず、忘れようとしても忘れられない、というようなことはありませんか?

こんな時、いくら「考えないようにしよう」「早く忘れてしまって今やっていることに集中しよう」と意識しないように努めても、どうしても思い出してしまい、苦しくなってしまうこともあると思います。

しかし、言われた側である自分はすごく傷ついたり気にしてしまったりしていても、言葉を発した向こうからすると、「え⁉ そこまでの意味はまったくなかったよ！」という場合や、そもそも「そんなこと、あったっけ？」とまったく覚えていなかったりすることもめずらしくありません。言われた側は覚えていても、言った側は覚えていないものなのです。

このように、相手がまったく気にも留めていないようなことを、こちらばかりが気にしているのって、なんだかとてもバカバカしくなってしまいますよね。とはいっても、どうしても気になってしまいますよね。ですが、少なくとも「気にするほどのことではない可能性が高い」ということを理解しておいた方が、精神衛生上よいのではないかと思います。

また、過去のそうした出来事を、「他人のこととして」眺めてみるというのもおすすめです。人間の脳は面白くできていて、他人と自分をあんまり区別できないのです。ニュースを見ていて、すごく悲しい出来事があったら自分のことのように悲しんでしまうことってありますよね。芸能人の不倫のニュースがあった時に、自分にはまったく関係ないのに、まるで自分が不倫されたかのように怒ってしまう人もいると思います。自分と他人をあまり区別せずに、感情が左右されるわけです。

ですから、「いま怒られているのは自分じゃない」「あの時の自分は自分ではない」と思い込んでしまうことで、うまく精神が安定していきます。自分が怒られたことも、他人が怒られたと思い込んで、「こういうことやっちゃダメなんだな」ということを学ぶ方法もよいでしょう。

または過去の出来事でも、「あの時の自分はダメだったなぁ」とか、「あの日の自分、すごく怒られていて、かわいそうだったなぁ」とか、自分ではなく他人の出来事のように捉えることで、必要以上に真剣に考えなくて済むのではないかと思います。

これは、あなたが自責なのか他責なのかを捉えるものです。

「自責」と「他責」という考え方について説明しましょう。「自責思考・他責思考」という言葉があります。これは、自分の責任だと考えるか、他人の責任だと考えるか、ということです。何か失敗した時に、「自分の責任だ」と考えるか、「他人の責任だ」と考えるか。責任感がある人とは、何か問題が起こった時に「自分が悪い」と考える人や、物事がうまくいかなかった時に、他人の責任にするのではなく自分の責任で考える自責思考の人のことです。そして、この思考が強い人は、自分をよりよい存在にしていく努力ができる人だといえます。何気ないことでもグサっとくる人は、その思考が強い可能性があります。

ですからそれは、マイナスなことではありません。むしろ、社会に出てから、人のせいにしたりせず責任から逃げない姿勢により「責任感がある人」と、評価される傾向にあります。

でも、「自分のせいだ」と思い過ぎて、落ち込んだり物事がうまくいかないことがあります。どんどんマイナス思考になって他人に頼れなくなってしまう……だから辛くなってしまうわけです。自責も他責も、生きる上で大事なことです。自分の責任で考えつつ、自分を責めすぎて辛い時は他人や何かのせいだと考えるくらいの気持ちを持ってもよいので、ぜひ使い分けていただければと思います。

08

SNSの友達とリアルの友達、どちらが大切？

ＳＮＳの友達と、リアルの友達、どちらが大切で、どちらを優先するべきか？　ということをよく聞かれます。今時の質問ですね。たしかに、ＳＮＳが発達したことによって、「近くの人に理解されなくてもよい」と考える人が増えてきたと思います。

昔はインターネットがなかったので、「自分の周りにいる第三者（近くの友達みんな）に理解されないといけない」という意識が生まれていたと思います。みんなが聞いている音楽を聞いて、みんなが観ているドラマを観ないと話についていけないような時代がありました。

でも、今はそんなことはありません。身近な人に理解されなくても、ＳＮＳでつながっていれば、わかってくれる人は世の中にたくさんいる状態になっているのです。昔だったらクラスメイトが30人いたら、30人から「いいね」をもらいたいと思っている人が多かったのではないでしょうか。でも今は30人いたら1人でよい、もっと言うんだったら、この30人にわかってもらえなくても、「インターネット上でわかってくれる人がいるから別にいいや」という時代になってきています。あなたはあなたのままでよいし、理解されなくてもいい時代なのです。

とはいえ、SNS以外の友達・学校のクラスの身近な友達を作ることも、重要だと思います。私（萩原）が生徒たちによく話す言葉に、「自分が幸せになりたかったら、身近な人を幸せにするのが一番だよ」というのがあります。自分のそばの身近な人たちが幸せになってくれるのを見るのが、やっぱり一番の幸せになっていきます。他の誰か、顔の見える距離の誰かがすごく喜んでいて、自分にとってすごく嬉しい、と感じる瞬間がきっとあるはずです。

また、学校の友達ともSNSでつながっている人がほとんどだと思います。ですから、両方を大事にしてください。SNS上の自分も、リアルの自分も、あなた自身であることには変わりありません。ただ、SNSでリアルの友達ともめた場合は、リアルで話し合うことをおすすめします。SNS上でやり取りするよりも、しっかりコミュニケーションが取れ、スムーズに解決したり誤解が解けることでしょう。

09 SNSとの上手な付き合い方

SNSと上手に付き合うためには、いくつか注意すべきポイントがあります。まず、プライバシー設定をしっかり確認しておきましょう。SNSは個人情報を扱うからです。スマートフォンに登録されている携帯番号やメールアドレスなどから自動的に友達の追加を行う設定があるSNSは珍しくありませんが、それらを許可するか否かの設定は重要です。適切な設定を行うことで、自分の情報をどこまで公開するか、コントロールが可能になります。

SNS上では何をつぶやいても発信しても自由ですが、誰が見ても不快にならない、なるべくポジティブで建設的なコンテンツを共有するようにするとよいでしょう。そうすることで、リアルの友達をはじめとする他のユーザーとの距離も縮まっていきますし、良好な関係を築けるようになります。共感を呼ぶ内容や、役立つ情報をシェアしましょう。

また、SNSはコミュニケーションツールの一つです。他のユーザーとの対話やコメントなどを通じて新しい友達を作ったり興味を共有したりすることができます。あくまで自分一人の場所ではなく、いろいろな人が使ったり見ていることを忘れないようにしましょう。

SNS上には毎日新しくて刺激的なニュースが流れてきます。様々な情報の中で、どれが本当の情報で、どれがうその情報か、信ぴょう性を自分で確認することが重要です。フェイクニュースや誤った情報を拡散しないように注意しましょう。

もしもSNSを続けることが辛いと感じたのであれば、一時的に利用を控えてみたり、フォローやフォロワーを見直したりするとよいかもしれません。SNSがストレスの原因になっている場合は、適度な休息をとることが有効になります。SNSを一時的に利用しない期間を設けることで、リフレッシュすることができるでしょう。

また、自分を不安にさせるコンテンツやユーザーの投稿があるなら、それらをフォロー解除して見えなくしてしまうことも有用です。リアルでも本当に仲が良く信頼できる人とだけ相互フォローするのもおすすめです。たったそれだけで、あなたのストレスを軽減できるでしょう。

10

本当の自分が出せなくてモヤモヤします

本当の自分を出せない、表現できないと感じることは、誰しも経験することです。だからといって、「どうせ本当の自分なんて価値がないんだ、みんなわからないんだ」と思ってはいけません。自分自身を表現することは、自己の成長と幸福につながっていきます。

まず、自分自身をよく知ることが大切です。自分の価値観、興味、強み、弱みは何かを理解し、自分を客観的に見つめる必要があります。特に、価値観については重要です。自分は何を大事に思って、何を大事だと思わないのか。どうして、それらを重要だと考えるのか。これを意識することによって、自分にとって大切なものを理解することができます。

自分に嘘をつかないことも重要です。本当の自分を出すためには、自分に正直でいる必要があります。他人に合わせたり、自分を偽ったりすることは、確かに短期的に見れば楽かもしれません。しかし、長期的な目線で見れば、それは自分の首を絞めるだけです。真なる満足感は得られませんし、ずっと物足りなさを抱えることになります。

自分の考えや意見に自信をもって、それを尊重するようにしましょう。他人と同じであることには安心感がありますが、ずっとそれではいけません。他人と同じでなくてもよいと理解した上で、自分の意見をしっかりと主張しましょう。そして、他人の期待に応えようとして自分を犠牲にしないようにしましょう。

そのためにも、自分の考えや感情を他人と共有するとよいかもしれません。積極的にコミュニケーションをとって、他人に自分を理解してもらう努力をするのです。

趣味や様々なことへの興味を持つのもよいでしょう。自分自身の価値観や得意不得意、好き嫌いを把握すれば、自分を表現するためには何が重要かわかるようになります。

最後に、自分の弱みを受け容れることも重要です。完璧な自分なんて誰しもありえません。完全無欠を求めないで、自分の弱みや不完全さを受け容れることが、本当の自分を出すために重要です。弱みを認めることで、同じ弱みを持つ友人ができるかもしれません。

11 学校に行けなくなったら

昨今、不登校の生徒が増加する傾向にあります。原因の一つに、起立性調節障害という病気があります。これは、思春期前後の子どもに多く見られ、自律神経の機能が低下し、起床時などに立ちくらみやめまい、動悸が起きたり、なかなか起きられず午前中は調子が悪いといった症状が見られる、自律神経の機能失調です。最近はこの起立性調節障害に悩まされる生徒が増えていて、自分の意思とは関係なく不登校になってしまうことが多く、行きたいけど学校に行けない、という状態も珍しいことではないのです。

ですから、「学校に行けないなんて、自分はダメな人間だ」と思わず、周りの大人に自分の状態をきちんと伝えてみましょう。学校に行けないからといって、学校の一員になれないというわけではありません。そういう不登校の子に向けた対策も、今は学校で行われている場合も多いです。

ここで、自分たちの学校の話をさせてください。私（萩原）が教員を務めている宇都宮短期大学附属高校では、近年メタバース（ユーザーがアバターを使って社会生活を送ることができる仮想世界）の学校を作りました。ＹｏｕＴｕｂｅ部の子たちが協力してくれて、メタバースの学校を用意し、そこに不登校の生徒に入ってもらうのです。空間にアバターの自分がいて、スクリーンに授業を映し、アバターの先生が入ってきて声をかけたり、友達と会話をしたりできる、仮想空間を利用した学校づくりを行っているのです。

例えば、行事があったけれど、その生徒は来られないということがありました。その時には、ＹｏｕＴｕｂｅ部が撮った動画を編集してもらって、運動会の様子などをアップしてもらって、メタバース上で見てもらうのです。ここで学んで欲しいのは、「学校に行けなくなっても、学校の一員にはなれる」ということです。そして、みなさんが不登校にならなかったとしても、不登校の友達を助ける活動ができるということを理解して欲しいです。

第5章

現役高校生たちの

リアルQ&A!

3000人もの高校生と関わってきた名物教頭の萩原先生と、悩み多き高校時代をかつて送ったキャリアデザインのプロである西岡さんが、現役高校生たちのリアルな悩みに答えます。

Q1.

自分は部活動ばっかり。友人のリア充SNS投稿が気になります。

A

あなたは部活動ばっかりで自分の人生が充実していないと感じているのでしょうか？　それでは、あなたはどうして部活動をやっているのですか？　それは、あなたがあなた自身の選択で、自分の人生を充実させるためにとった選択の一つですよね。

部活動をしていると、いろいろなところに出かけたり遊びまわっている友人のことが充実して見えたり、羨ましく感じるかもしれません。しかし、それはきっとその友人も一緒です。あなたが部活動に打ち込み、同級生と切磋琢磨している様子を見て、内心は羨ましく思っているかもしれません。結論から言えば、「隣の芝は青く見える」のです。自分にないものだから羨ましく思っているにすぎません。もし、この回答を見て納得がいかないのであれば、あなたも部から離れて友人と一緒に出かけたり遊びまわってみてはいかがでしょうか？　何か気付くことがあるかもしれません。また、他の人のSNS投稿に心を乱されるのであれば、「見ない」というのも一つの選択肢です。

Q2. SNS上で友人との関係がこじれて、リアルでもギクシャクしてしまいました。

A

いろいろな解決手段があります。まず、リアルで対話してみることが挙げられます。SNS上のトラブルであっても、直接話すことが重要です。相手の顔を見て感情や考えを言葉で伝えることで、誤解が解ける可能性が高いです。リアルでの会話が難しいのであれば、電話をしたり、ていねいなメッセージを送ってもよいでしょう。

あなたのSNS投稿が友人を傷つけたなら、素直に謝罪をして許しを求めるのも有効です。相手の気持ちを尊重して、誠実に謝罪しましょう。

また、SNS上でのどんな振る舞いが問題になったのか、見直してみてもよいかもしれません。他人を尊重し、配慮する言動、振る舞いを心がけましょう。

これらで解決ができない難しい段階まで来ているのであれば、第三者を挟んで話し合ったり相談してみるのもよいかもしれません。信頼できる友人や、場合によっては大人、家族や先生などに話してみて、そこからサポートを得るのも有効です。

Q3.

今している勉強が大人になって役に立つのか考えると、モチベーションが湧きません。

A

あなたは大人になることを、どのように捉えているでしょうか。大学生になったら大人なのでしょうか。それとも、企業に就職したら大人なのでしょうか。

確かに、あなたやあなたの友人たちが日々学んでいる内容自体を、日常生活の中で直接的に使うことはありません。二次関数の解の配置問題が解けなくても生きていけますし、源氏物語を読めたからといって、それに関係しない職種でなければ給料が上がらないかもしれません。

ですが、これらは世に出るためのパスポートでもあります。「大人になってからどう役立つのか」ではありません。あなたが大人になるために最低限、身につけておくべき考え方や教養を、勉強を通じて練習したり吸収しているのです。

ですから、「将来使わないから勉強しなくてよい」は間違いです。そうではなくて、「大人として認めてもらうために、いま様々な勉強をすることが必要」なのです。

Q4. 部活動の仲間とクラスも同じになった途端、距離感が近すぎて正直しんどい。

A

コミュニケーションのバランスを見直してみましょう。よい友人関係はお互いのプライバシーと自由を尊重して出来上がります。距離感が近すぎると感じるのであれば、一時的に距離をとってみて、必要な時にコミュニケーションをとるなどバランスを見直すことが重要です。

また、直接的でオープンなコミュニケーションを通して感情や期待を伝えてみることも重要です。友人に対して距離感が近すぎるため感じている不安やストレスを共有してみると、もしかしたら理解が得られるかもしれません。

さらに、いろいろなコミュニティに参加してみるのも一つの手です。趣味や活動を分散させることによって、他のコミュニティで他の友人を作ることができます。バラエティ豊かな人間関係を築くことができれば、一方的な依存感は軽減できます。

Q5.

男女の友情が成り立つ派の私。成り立たない派の親友と意見が対立して困ってます。

A

異なる意見が対立する場合は、コミュニケーションをとることが非常に重要です。お互いの意見や立場を尊重して、オープンで建設的な対話を心がけましょう。自分の考えをしっかりと伝えることが大事ですが、それ以上に、相手の考えや立場も理解する努力もしましょう。

対立している友人との関係が重要なら、妥協や共感の姿勢が役に立つことがあります。お互いに譲り合って相手の視点を理解しあうことで、友情を維持しやすくなります。口出しがうるさい場合でも、感情的にならず冷静に対応しましょう。他人の意見や期待に振り回されるのではなく、自分と友人の関係や距離感に焦点を当ててください。必要であれば、助言してくれた第三者の意見も参考にして、理解を求めることも考えましょう。

Q6. 他の高校生がやってないことを何かやってみたい！　おすすめはありますか？

A

地元の団体や非営利団体でのボランティア活動には、高校生でも参加できるプロジェクトがたくさんあります。まず、これらに参加することが挙げられます。例えば子ども食堂の手伝いなど、社会貢献やコミュニティへの貢献を体験することができます。

趣味や特技を生かして、小さな起業をしてみてもよいかもしれません。手芸や工芸が得意なら手作りの商品を販売したり、オンラインでサービスを提供したりするなど、自分のアイデアを形にしてみましょう。

また、競技人口が少ないアクティビティに参加してみるのもよいでしょう。例えば、ロッククライミングやアーチェリー、カヌーなどが挙げられます。

コンピューターやプログラミングを学んで、アプリケーションやウェブサイトを作るなどテクノロジーに興味を持つのも面白いと思います。

Q7.

社会に出てから一番役に立つ勉強ってなんでしょう？

A

国語は大変役に立ちます。なぜならば、国語の本質は「情報の整理」にあるからです。どこにどんなことが書かれているか。これを冷静に整理していけば国語のテストでは満点が取れますし、そのための練習をするのが国語の勉強です。

社会に出てからは、いろいろな情報を得る必要があります。携帯電話や住宅を契約する時には、長い契約書面を読まなくてはいけませんし、税金や保険の手続きもいろいろな書類が送られてきます。

それらの「どこに何が書いてあるのかわからない面倒くさい書類」から、要点だけをつかみ取ることができれば、日常生活のハードルはぐっと下がります。国語の勉強では、この読解力のコツを得ることができるのです。ですから、国語は大変役に立ちます。

Q8. やりたい勉強よりも、社会で役立つことを見据えて学部選びをした方がいいですか？

A

その必要はありません。大学は就職のための予備校ではなく、あくまで一つの研究機関として存在しています。あなたがやりたいと思っている勉強が社会に出てから役に立たないとしても、それはあなたの知らないところで役に立っている可能性もあります。あなたの見ている世界は、まだまだ狭いものです。もしかすると、その学問は、本当は社会にとって欠かせない学問かもしれません。社会で役立つことを見据えた学部選びではなく、自分の興味関心に従って学部を選んでみてください。

それに、仮に社会に出てから役に立つような学部を選んだとしても、そこにあなたの興味が伴っていなければ何の意味もありません。勉強するのはあなた自身ですから、あなたが一番胸を張ってキャンパスライフを送れる学部や大学を選ぶことが重要です。

Q9.

勉強が辛い時のおすすめの気分転換は？

A

自分が、一番気分がよくなることをしましょう。例えば音楽を聴いたり、外を散歩したりすることは大きな気分転換になりえます。受験に限らず、どうしても勉強中は机にかじりついてしまいますから、部屋の中にこもりきりになることも珍しくありません。屋内にいることは悪いことではありませんが、その際には、ぜひ窓を開けて、新鮮な空気を取り込むことも行ってみてください。また、たまには外に出て、図書館やカフェで勉強してみるのもよいでしょう。

運動も気分転換になります。運動が苦手ならば、歌を歌ったり、時には踊ったりしてみるのもよいでしょう。勉強に打ち込んでいる期間はどうしても運動不足になりがちなので、体を大きく動かすアクティビティを積極的に取り入れるとよいでしょう。ストレッチやヨガ、ラジオ体操なども一つの選択肢としておすすめです。

Q10. 苦手な先生との接し方がわからない!

A

先生も、先輩も、友達も、みんな同じで、自分とは合わない人・苦手な人はいるものです。しかし、そういう人がいないと、意外と人生に張り合いがなくなるものです。苦手な人は、自分のためになる人だと思って欲しいのです。仲がよい人や気が合う人とは、言いたいことも言えない、お互い傷を舐め合うような関係になる場合もあります。痛いところを衝《つ》いてくれる人は必要なものです。

仮に自分の好きな人ばかりと接していると、人間は成長しません。みなさんは大好きな先生だけだったら、ずっと甘えてしまいますよね。少しは苦手な先生がいた方が、自分のためになるのです。

社会に出ても同じです。同じ会社の全員が仲良しだったら、その組織も各々も伸び悩むと思います。全然違う人が集まって、みんなから違う意見が出て切磋琢磨してこそ、会社的にも組織的にも成長することと思います。

Q11.

親が意見を聞いてくれない！

A

まず、自身のお父さんやお母さんなど、親御さんやおうちの人に感謝する気持ちを忘れずに接しましょう。ここまで大きく育ててくれたのは保護者の方の力なので、そこは感謝し、社会人としてリスペクトしなければならないと思います。とは言え、もう一人の人間なので、はっきりと意見を言いましょう。「お父さんお母さんはこう言うけど、私は今こういうことをやってみたいんだ。こう考えているんだ」と。

最近の生徒は、親御さんに意見を聞きすぎる傾向があると思います。私（萩原）が高校生の頃は運動会に保護者が来る人の出欠を取る際、恥ずかしくて手を挙げられませんでしたし、親に来ないでと言っていました。最近は小・中学生と同じように親が来るのを楽しみにしている生徒が多い印象です。それ自体が悪いことではありませんが、もっと親の価値観ではなく、自分の価値観で動いてもよいのではないかと個人的には思っています。

Q12. 学校推薦型選抜の公募制と総合型選抜の違いは?

A

学校推薦型選抜の公募制は学校長の推薦状が必要なため、合格後に辞退することが原則的にできない選抜方式です。それに対して、総合型選抜は基本的には学校長からの推薦は必要でなく併願が可能な大学もあります。また、公募制は単願になることが多いため、倍率が低くなる傾向にあります。

また、全体の評定平均が例えば3.5以上の者が受験資格を得られるなど、大学側から評定平均の指定がある場合もあります。総合型選抜では、評定平均の指定がない場合もあれば、指定がある場合もあります。なお、指定がない場合は、単願で受験しなければならない場合が多く、指定がある場合は、併願が可能な大学が多い傾向にあります。しっかりと学校の先生と相談して、自分はどの方式で受験するのか検討してください。

本書60ページの「知っ得情報①大学入試の種類」も参照するとよいでしょう。

Q13. オープンキャンパスで見るべきところは？

A

高校生の間に、自分の行きたい大学や自分がいいなと思っている大学に足を踏み入れることができる素晴らしい機会。それがオープンキャンパスです。大学によっては、模擬講義や研究室ツアー、ゼミ体験などを実施するところもあるので、本当に自分が大学生になったかのような体験をすることができます。

そんなオープンキャンパスの、見るべきところとは結構難しい課題ですよね。キャンパスの中には、教室もあるし売店もあれば喫茶店もある。図書館もあれば学生食堂もある。いろいろな場所があって、それぞれにいろいろな見て欲しいものがあります。

その中でも、特に見て欲しい場所は「食堂」です。食堂で食事をしながら、周りの学生や先生たちがどんな会話をしているのかを観察してみましょう。

じつのところ、オープンキャンパスというのはお祭り事であり、用意されたものでしかありません。それは、いわば非日常なのです。例えばみなさんは、高校を選ぶ時、運動会の楽しそうなシーンを見て選びますか？　それとも、普段の授業の風景を見て選びますか？

運動会の方が大事だという人もいるかもしれませんが、大抵の人は普段の授業風景を見たいはずです。運動会は一年に一回の非日常のイベント。一方で、授業は毎日あります。運動会よりも授業の方が大切なわけです。

そう考えてみると、オープンキャンパスで「用意されたとおりに」講義を受けたり、人と話してもあまり意味がありません。それはあくまでも非日常の出来事です。それがずっと続くわけではありません。

逆に食堂は、日常を表します。毎日続いていく方の景色を観察することができるわけです。だから、食堂を使っている先輩方が話している内容が楽しそうであったり、話に加わりたいと感じるのであれば、その大学で楽しめるということです。来年、その席に座っているのはあなたかもしれないのですから。

ちなみに、親御さんと一緒に行くと、子どもと親で価値観が全然違うので、いろいろな発見があると思います。子ども目線だと、「やっぱり東京の都心部に通いたい」とか「都会に住みたい」といった視点でキャンパスの立地を捉えがちですが、大人が見るところは全然違います。「ここは治安が悪そうだからあまり住むのには適していない」とか「大学の近くにこういうお店や施設があるから生活しやすそう」とか、経験値がある分、目の付け所が違います。そういう気付きをたくさん得られるのがオープンキャンパスだと思うので、親目線も活かしてみてください。

Q14. 総合型選抜に向いている人はどんな人？

A

一番向いていて合格しやすいと考えられるのは、自分の将来に明確なビジョンを持っている人です。大学が求めている学生は、「卒業後に社会で活躍できる学生」です。いかに成績がよく勉強ができても、それを社会で活かしてもらわなければ大学にもメリットはありません。したがって、将来の目標を達成させるために大学という「手段」を利用するスタンスを持っている人ほど、総合型選抜に向いていて合格しやすいと言えます。

Q15. 指定校推薦や総合型選抜で合格した友人が多くて、一般選抜の私は士気が下がります。モチベーションの上げ方を教えて!

A

多くの人は、指定校推薦（指定校制の学校推薦型選抜）や総合型選抜で進学先が決まった友人たちを見ると、「あの子たちだけ得をしている」という気分になります。頑張っている自分が損をしている気分になって、やる気が落ちてしまいます。でも結局、もし本当に「得」をしているのだとしたら、いつかその得をした分だけ、なんらかのマイナスが返ってくるものです。一般選抜で受験するあなたよりも勉強をあまりせずに合格してしまった友人がもしいるのであれば、その友人はきっと大学に入ってから苦労することになります。逆にもしあなたが本当に周りに比べて損をしているのであれば、損をした分だけ成長できて、その成長は他のところで活かせる場合が多いです。

回り道でも、「急がば回れ」と言いますから、結局蓋を開けてみたら、そっちの方が「速い」ことだってあります。結局、人生に近道ってなかなかないのです。

Q16.

揉めずに部活動の転部や退部をするには？

A

とにかく、先輩や仲間、そして顧問やコーチと話をすることです。それも、「辞めたいんです」とストレートに言うのではなく、多くの人に「辞めようと考えている」と、まず相談するのです。

基本的に、部活動の転部・退部で揉めるパターンは、「いきなり辞めること」です。相談もなしにいなくなったら、みんなショックですし、「せっかく一緒にずっと頑張ってきたのに、何だよ！」と反感を買ってしまいます。

まずは、周囲の人に、「自分は辞めるかもしれない」と伏線を張りましょう。そして、「相談」という形を取って、いろいろな人に話をします。そして、もし「そんなこと言わないで、辞めないでよ！」と残るように言われたら、それはそれでしっかりと相手の話を聞いてあげてください。辞める意思が固い場合は聞くだけで大丈夫ですし、もしそれで「やっぱり辞めるのをやめようかな」と考え直せば、辞めなければよいのです。

Q17. 部活動のレギュラー争い、勝ち取りたいけど、先輩や仲間にも気を遣います。どうすればいい?

A

覚えておかなければならないのは、「競争相手＝周りの人」だけではないということです。本当の競争は、自分自身との戦いです。もし戦ってあなたが勝ったとしても、相手はあなたに負けたのではなく、自分自身に負けただけなのです。「遊んじゃおうかな」という誘惑に負けたり、「これくらいでいいや」という気の緩みに負けたのであって、あなたに負けたわけではないのです。

周りに配慮する姿勢を持つのはとてもよいことです。

ですが、だからといって、気を遣ってばかりでもいけません。あなたが頑張れば頑張るほど、他のライバルたちも「頑張らなければ」という気分になります。逆に、「頑張ってもあの子に迷惑をかけちゃうんじゃないか」などと考えてしまうと、全体の士気が下がります。競争は、お互いのことを高めてくれる素晴らしいものなのです。そういう認識で物事を捉えるようにしましょう。

Q18. 正直、メンタル病んでます。どうしたらいい？

A

まずは人に相談することが一番です。相談してもどうにもならない、自分にしかこの辛さはわからない、という思い込みを捨て、スクールカウンセラーや保健室の先生、担任の先生、信頼できる友達や先輩に相談するなど、とにかく誰かに話をしましょう。

直接相談するのが難しかったり辛いなら、メールでも、LINEやメッセージ、オンライン、手紙といった手段でも構いません。それも、複数人に聞くのがおすすめです。一人ではなく、2～3人に話を聞いてみましょう。一人の人が相手だと、その人がもしあなたが思ったような回答をくれなかったとしたら、解決にならなかったり、時には傷ついてしまうことがあるかもしれません。

でも、複数人相手がいれば、一人くらいはあなたの救いや支えになる答えを与えてくれたり、あなたのことを本当に助けてくれる場合があります。

一番よくないのは、自分だけで溜め込んでしまうことです。一人で抱え込まないようにしましょう。

Q19. 校風と合わなくて学校を辞めるべきか悩んでます。中退後の選択肢は?

A

高校は義務教育ではないので、中退することができます。たしかに、それも一つの方法ですね。とはいえ、辞めたからといってすぐに働き出すということではなく、様々な選択肢があることを理解しておいてください。

まず、転入試験を受けて他の学校に転入することも可能です。通信制高校であれば、転入のハードルが低い場合もあります。自分がその学校に合わないのであれば、合う学校とはどんなところなのかも踏まえ、転入先について、しっかり調べておきましょう。

また、高等学校卒業程度認定試験(旧大学資格検定)を受験して認定されるのも一つの手です。合格者は大学・短大・専門学校への受験資格を得られるので、進路の選択肢が広がります。

そもそも、高校生で「学校を移ろう」「学校を辞めよう」と考えた時、覚えておかなければならないのは、もしその選択をした時に自分が不利益を被っても、それは自分の責任だということです。その選択をして後悔しても、「あの人のせいだ」「親のせいだ」など、他人のせいにはできません。その点だけ、きちんと頭に入れておいてください。

Q20. 総合型選抜で不合格の後、一般選抜の受験に向けて切り替えるコツは？

A

「総合型選抜の受験に向けて準備や対策したことは、一般選抜でも役に立つ」と考えましょう。実際、一般選抜でも総合型選抜で問われるような「この大学に入ってどんなことがしたいか、英作文で答えなさい」という問題が出題されていたり、その大学の特徴が反映された問題が課されることもあり、総合型選抜に挑戦した人の方にとってプラスに働くこともあります。

ですから、「回り道をして、最初から一般選抜で受験する予定の人たちと差が開いてしまった」とは考えなくてよいのです。その認識を持てば、自然と「次も頑張ろう」という前向きな気持ちになるのではないでしょうか。

おわりに

「高校生のあの時、何でこういうことをやっておかなかったんだろう」

そう思わないように、この「高校生活の強化書」を使って欲しい、ということを「はじめに」で西岡さんがお話しされましたね。覚えていますでしょうか？

そして、いかがでしょうか？　これからの高校生活を、悔いなく過ごせそうでしょうか？

これから、最初にお話ししたことと矛盾することを申し上げてしまうので大変申し訳ないのですが、たとえどんな高校生活を送ったとしても、きっと何か後悔は残るものなのです。完璧な高校生活なんてどこにもなくて、どんなに素晴らしい高校生活を送ったとしても、きっと「もっとこうしておけばよかった」と心残りに思うことは後からでてくるものです。

だからこそ、よりよい高校生活を求めてください。よりよい高校生活を求める過程というのは、どこまで行っても終わりがないのです。終わりがないからこそ、どこまでも高みを求めて欲しいです。

どこまでも高みを目指すというのは、言い方を変えれば、「欲深い」状態だと思います。

「あれもしたい！」「これもしたい！」というものをたくさん持って、どこまでも上を目指していく、というのは、「欲」がある状態だと言えます。

でも、それでいいのだと思います。一度しかない人生の中の、一度しかない高校生活なのです。だからこそ、「そんなにたくさんのことをやったら大変じゃないか」と周りが心配するくらいに、いろんなことに挑戦すればよいのではないでしょうか。

部活動に本気で打ち込み、テストと受験に向け懸命に勉強して、友達とも全力で遊び、恋愛もして、文化祭や運動会にも真剣に取り組む。毎日忙しくて、いろんな挑戦をして、うまくいくことも、うまくいかないこともある。そんな全力の高校生活を送って、それでも「まだもうちょっと、やれることがあったかな～」と思う……そんな高校生活を送ることができれば、きっとそれは今後の人生の宝物になります。

みなさんの高校生活が、彩りに溢れたものであることを切に願っています。

2024年3月　萩原俊和

[参考文献]

ベネディクト・キャリー著『脳が認める勉強法 「学習の科学」が明かす驚きの真実!』花塚恵訳、ダイヤモンド社、2015

平木典子著『アサーション入門 自分も相手も大切にする自己表現法』講談社、2012

西岡壱誠著『「読む力」と「地頭力」がいっきに身につく 東大読書』東洋経済新報社、2018

日本経済新聞 マネーの知識ここから「『学歴なんて関係ない』の真実 生涯賃金これだけ違う 人生まるごとシミュレーション(5)」、2017年5月10日

文部科学省「令和5年度学校基本統計(学校基本調査の結果)確定値」

文部科学省「令和5年度国公私立大学入学者選抜実施状況」

［著 者］

西岡壱誠

（にしおか　いっせい）

偏差値35から東大を目指すも、2年連続不合格。3年目に勉強法を見直し、偏差値70、東大模試で全国4位になり、2浪で東大合格を果たす。東大入学後、人気漫画『ドラゴン桜2』(講談社)の編集を行い、ドラマ日曜劇場「ドラゴン桜」の脚本監修を担当。2020年に株式会社カルペ・ディエムを設立、代表に就任。偏差値35から東大合格を果たしたノウハウを全国の学生や学校の教師たちに伝えるため、全国25校で教育支援を行っているほか、教師に指導法のコンサルティングを行っている。
『「読む力」と「地頭力」がいっきに身につく東大読書』(東洋経済新報社)など著書多数。

萩原俊和

（はぎわら　としかず）

栃木市生まれ。東京学芸大学大学院（化学）修了後、理化学研究所有機金属錯体研究室に勤務。1986年に学校法人須賀学園が設置する宇都宮短期大学附属高等学校に着任。その後、教務部長、入試広報部長を経て、現在は、教頭を務める。これまで同校で数千人にも上る生徒を指導してきた「現場のプロ」。須賀学園は明治33年（1900年）に創設され、大学短大高校中学総勢3300名の生徒学生を有す学校法人であり、さらに、周囲の学校がまだ取り組んでいない“新しいチャレンジ”に先陣を切って挑戦している。同校の取り組みの旗振り役としての姿勢が評価され、各学校や学習塾等での講演の依頼は年40回を超える。

notes

notes

ブックデザイン　長谷川　理
イラスト　本村　誠
カバー題字　小野寺美華
図版作成　越海辰夫
協力　株式会社カルペ・ディエム
宇都宮短期大学附属高等学校
吉田智美
小池彩恵子
編集　金井亜由美

高校《こうこう》生活《せいかつ》の強化書《きょうかしょ》

2024年4月17日　第1刷発行
2024年10月25日　第3刷発行

著者　西岡壱誠《にしおかいっせい》　萩原俊和《はぎわらとしかず》
発行者　渡辺能理夫
発行所　東京書籍株式会社
〒114-8524
東京都北区堀船2-17-1
03-5390-7531（営業）
03-5390-7512（編集）
https://www.tokyo-shoseki.co.jp
印刷・製本　TOPPANクロレ株式会社

ISBN 978-4-487-81742-9 C0037　NDC376

本書に記載した内容は2024年3月現在のものです。